财务审计工作思考

CAIWU SHENJI GONGZUO SIKAO

曾祥红 著

哈尔滨出版社
HARBIN PUBLISHING HOUSE

图书在版编目（CIP）数据

财务审计工作思考 / 曾祥红著． — 哈尔滨：哈尔滨出版社，2023.9
　　ISBN 978-7-5484-7508-8

　　Ⅰ．①财… Ⅱ．①曾… Ⅲ．①财务审计—研究 Ⅳ．①F239.41

中国国家版本馆CIP数据核字（2023）第166294号

书　　名：	财务审计工作思考
	CAIWU SHENJI GONGZUO SIKAO

作　　者：	曾祥红　著
责任编辑：	赵海燕
封面设计：	树上微出版

出版发行：	哈尔滨出版社（Harbin Publishing House）
社　　址：	哈尔滨市香坊区泰山路82-9号　邮编：150090
经　　销：	全国新华书店
印　　刷：	武汉市籍缘印刷厂
网　　址：	www.hrbcbs.com
E-mail：	hrbcbs@yeah.net

编辑版权热线：（0451）87900271　87900272

开　　本：	710mm×1000mm　1/16　印张：14　字数：164千字
版　　次：	2023年9月第1版
印　　次：	2023年9月第1次印刷
书　　号：	ISBN 978-7-5484-7508-8
定　　价：	88.00元

凡购本社图书发现印装错误，请与本社印制部联系调换。
服务热线：（0451）87900279

序

企业本质是提供产品和服务。企业不是自然之物而是社会产物。企业应社会对产品和服务的需求而生。当产品和服务处于短缺、丰富、过剩的时代，企业经历了对应的生产时代、营销时代和财务时代（贪腐、掠夺、投机）。

货币是社会的发明，它是产品和服务的等价物。纸币、数字货币突破了实物货币的局限，适应了产品和服务的巨量增长。

社会创造了货币，货币改变了社会。

世界需要转型，中国需要转型。民生经济是世界经济发展的正道。内生经济是中国经济发展的正道。提供产品和服务是企业正道。

我非常自豪公司始终致力于向社会提供高品质的建造服务，始终高举争先旗帜参与市场竞争，始终用出彩的市场地位诠释国有企业发展前途。

正是受公司文化熏陶，我能长期专注本职工作，以"穿透财务"的职业梦想，以"发现理论缺陷，接续理论断点"的职业豪情，集腋成裘，成就《财务审计工作思考》这本册子。

谨将此册子献给我的女儿。我用28年的经历证实：如果有一份奉献社会的工作，个人完全可以有一种纯净的生活。

目 录
CONTENTS

第一章 实务之上

第一节　全面预算管理工作回顾 3

第二节　房地产项目现金流量测算方法 7

第三节　经济活动分析三部曲 15

第四节　基层施工单位经济活动分析理论总结 17

第五节　工程项目子项成本分析技术研究 24

第六节　论建筑企业信息化建设 28

第七节　会计电算化调查报告 35

第八节　推行项目成本管理必须树立的十个观点 39

第九节　关于联营项目风险管理的思考 49

第十节　一篇总包管理的作业指导书 55

第十一节　关于片区单位财务管理的调查报告 59

第十二节　一种解释管理现象的函数 63

第十三节　财务工作相关表格 65

第二章　内部审计

第一节　审计承担业务系统剩余风险 79

第二节　审计的核心逻辑 80

第三节　内部审计项目营销理论与实践 85

第四节　如何把整改做深做透做亮 88

第五节　如何组织和督导离任经济责任审计 93

第六节　四年审计工作总结 98

第七节　审计进退场讲话 103

第八节　离任审计业务的进展和成果 111

第九节　打造经济责任审计和谐审计关系 116

第十节　离任审计问题探讨 119

第十一节　离任审计小组审前辅导 123

第十二节　离任审计小组审前深化辅导 126

第十三节　离任审计发展目标、现状和风险 128

第十四节　C3级经济责任审计解说词 130

第三章 工作思考与感悟

第一节　工作报告：做好会计报表工作，不辱职业使命 135

第二节　九年总会计师工作总结和思考 149

第三节　在 2008 年财务工作会上的讲话摘要 155

第四节　在 2009 年财务工作会上的讲话摘要 159

第五节　在 2011 年财务工作会上的讲话摘要 164

第六节　财务工作要讲感情 167

第七节　会计之美 169

第八节　白话财务 171

第九节　关于财务工作管理科学化的思考 173

第十节　关于财务工作结构的思考 175

第十一节　从交友话廉政 179

附录　思想之光

第一节　总会语录 183

第二节	控制语录	185
第三节	用人语录	187
第四节	财务语录	191
第五节	谈判语录	202
第六节	报告语录	205
第七节	审计语录	208
第八节	感悟语录	214

第一章

实务之上

第一节　全面预算管理工作回顾

2011年5月，我被派到×××项目工作，接触××地产的全面预算管理，经过一年多的实践和思考，消除了过去的很多疑惑。我对全面预算管理本质和作用有了进一步的认识，对全面预算工作要求和预算落实有了更具体了解。

一、全面预算管理本质和内容

全面预算突出一个"全"字，包括财务预算、业务预算（经营预算、资本预算、投资预算）。财务预算包括预计资产负债表、预计利润表、预计现金流量表。

全面预算是财务目标和业务目标协同的重要工具，是克服财务预算和业务预算"两张皮"的重要手段，是提高预算指标控制、考核、评价功能的重要举措。全面预算揭示了：（1）财务资源对业务目标的支撑和保障作用；（2）业务目标对财务目标的支撑和保障作用；（3）财务目标对业务目标的依赖和约束作用。它表明：（1）业务不仅受到业务边界的制约，同时也受到资产边界、财务边界制约；（2）业务成果和财务结果有确定的因果关系和数量关系。

二、全面预算管理的作用

1. 全面预算把财务部门推到了管理一线

尽管传统的财务部门一直存在着财务预算，但是财务部门始终只是一个支持和服务部门。就像会计事后反映的属性一样，财务预算也只是业务预算的事后结果。财务部门居于管理二线，被动承受业务发展的财务后果。全面预算要求把财务部门推到管理一线，要求用财务预算统合、调整、改善业务预算。

2. 全面预算解决了财务指标的数据冲突

尽管财务指标历来都是企业经营的核心指标，但财务指标和业务指标、财务指标和财务指标之间经常出现逻辑冲突。全面预算经过预算协同过程，强化了指标之间的内在联系，减少了预算指标之间的逻辑冲突，提高了财务指标的合理性。

3. 全面预算提供了财务管理深化的基本途径

全面预算揭示的是财务资源、财务指标、业务指标之间的相互关系，确立了财务指标的核心地位，决定了深化财务管理的基本途径：（1）财务部门承担全面预算管理职责；（2）财务部门承担资金管理职责；（3）销售部门同时承担销售货物和回收货款的职责；（4）成本部门同时承担成本控制和支付控制的职责；（5）其他业务部门承担费用职责。

三、全面预算管理的要求

1. 全面性。全面预算的全面性包括两个方面：（1）层级的全面性，包括集团、公司、分公司、项目四个层级；（2）种类的全面性，包括财务预算、经营预算、资本预算、投资预算。

2. 协调性。全面预算的协调性体现在预算编制顺序：（1）层级协调采用自下而上编制汇总，自上而下调整平衡；（2）种类协调是以业务预算为基础编制财务预算，用财务控制指标对业务预算进行调整。

3. 可连续。全面预算持续性采取长周期预算和短周期预算结合，如三年和五年预算分解至年，年度预算分解至月，月度预算分解至周，保证预算真实落地。

4. 可执行。可执行关键在于"三个把握"：（1）把握管理层级。集团管中长期预算，公司管年度预算，项目管月计划，部门管周计划。（2）把握执行周期。中长期预算、年度预算数据都是预测数据和模型推演数据，是经验再现，与未来实际发生业务没有联系。每月预算与每月工作安排紧密联系，可执行程度高，因此当月预算分周抓落实是比较符合实际的。（3）把握控制重点。如：方案时间、开工时间、开盘时间、竣工时间、交房时间等关键节点，影响关键节点的报批报建等控制难点，影响收入、成本、资金的采购招标、销售定价、销售回款等工作重点。

四、全面预算管理落实

全面预算管理落实包括编制落实、管控落实、分析落实、考核落实、激励落实。

1. 编制落实。集团每年 10 月组织编制年度计划。公司组织每月 25 日编制月计划，每周五编制周计划。年度计划分解到 12 个月，月计划分解到 4 个周。年内月计划、周计划都是动态计划。月计划反映全年计划、本年累计完成、累计差异、上月完成、本月计划,周计划反映本月计划、本月累计完成、月差、上周完成、本周计划。

2. 管控落实。公司长期预算为战略预算,由集团批准。公司、城市公司、项目年度预算为目标预算,实行上管一级。项目月度预算为执行预算,由项目管理报公司备案。周预算为落实预算,由部门管理项目汇总。年度预算指标列入各层级的年度管理目标责任书,年度预算指标、月度预算指标列入部门年度目标责任书和每月的工作目标计划,周预算指标列入职能部门的每周工作计划。

3. 分析落实。项目召开周例会、月例会,分析上周／上月计划落实,报告本周／本月计划安排。城市公司按月提交预算分析报告,按时召开年中、年度的经济活动分析会回顾预算落实情况。

4. 考核落实。项目由公司／城市公司考核,考核分为目标完成情况考核和周边绩效考核。考核工作在春节前完成,考核结果同奖励挂钩。员工考核领导一年考核二次,中层一年一次,普通员工一月一次,直接考核目标计划的完成情况。领导由上级考核,其他员工由项目考核。

5. 激励落实。春节前根据初步考核结果进行预兑现,3月前完成上年的最终考核兑现。项目的奖励系数由公司／城市公司考核确定,项目员工的奖励薪酬根据个人薪酬协议结合年度考核激励系数计算奖励金额进行兑现。

第二节　房地产项目现金流量测算方法

一、现金流量计划体系

房地产项目现金流量计划有方案版的项目全周期现金流量计划，有期间版的年度/月/周现金流量计划，共同组成了项目现金流量计划体系。

月/周现金流量计划根据已售房屋合同、结算支付审批表、采购支出计划、费用开支计划直接编制现金收支计划，收支事项、时间、金额都是非常清楚的。

方案版和年度版的现金流量计划，需要根据销售预测数据和投资预测数据，通过规划收款政策和付款政策，推演现金收入和现金支出数据，只有分类期间数据，不能细化到具体的收支事项。

二、现金流量计划表的基本结构

现金流量表包括现金流量项目、现金流量期间和现金流量数据。

现金流量项目包括现金期初余额、经营活动现金流量、投资活动现金流量、筹资活动现金流量、现金期末余额。根据测算目的需要，可以对基本项目进行细分。

现金流量期间因测算要求不同而不同，如年中现金流量计划列示现金流量期间包括：1. 项目全周期；2. 截至计划年前累计；3. 计划年度全年计划；

4. 计划年度 1—6 月实际；5. 计划年度 7、8、9、10、11、12 月计划；6. 次年全年计划；7. 次年 1、2、3、4、5、6 月计划；8. 次年下半年计划；9. 以后年度计划。

现金流量数据：现金流量计划表中的数据有八种，只有测算期间的现金流量计划数据和对应的业务数据是需要测算的。

测算数据	例子
1. 实际发生额	1. 测算表中实际发生栏全部数据 2. 测算第一期的期初现金余额
2. 引用金额	1. 引用规划数据 2. 引用业务计划数据 3. 引用前期计划数据
3. 测算金额	1. 销售现金收入额 2. 投资现金支出额
4. 计算金额	1. 现金收支净额 2. 期末现金余额
5. 分解金额	1. 总预算分解到年 2. 年度预算分解到月
6. 轧差金额	1. 总预算中的最后一年 2. 年度预算中的最后一月
7. 平衡金额	为使"期初现金余额＋本期现金收入－本期现金支出＝期末现金余额"加入的金额 平衡金额＝平衡前期末余额－期末目标余额
8. 约束金额	1. 最大值 2. 最小值

三、现金流量测算步骤

1. 确定计划类别（核心要素是计划对象、计划期间）

如××项目全周期资金计划，××项目年度资金计划，××项目月资金计划。为了实现计划，全周期计划细化到该周期的每一年度，年度计划细化到1—12月，月计划细化到1—4周。

2. 确认编制依据和编制顺序

按照开发进度计划，编制销售进度计划、投资进度计划；根据销售进度计划和收款政策（什么款，何时收，收多少）编制现金收入计划，根据投资进度计划和支付政策（什么款，何时付，付多少）编制现金支出计划。

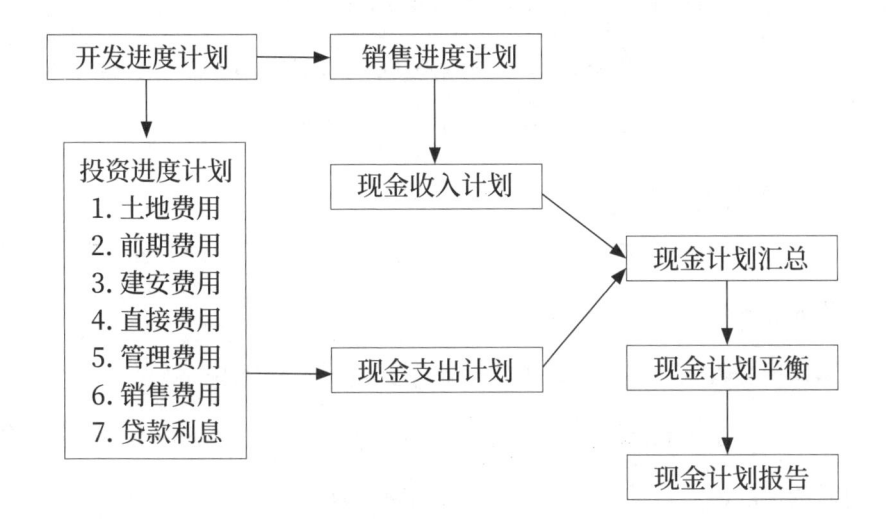

```
开发进度计划 ──────→ 销售进度计划
      │                    │
      ↓                    ↓
投资进度计划           现金收入计划
 1. 土地费用                 │
 2. 前期费用                 ↓
 3. 建安费用           现金计划汇总
 4. 直接费用                 │
 5. 管理费用 ──→ 现金支出计划 │
 6. 销售费用                 ↓
 7. 贷款利息           现金计划平衡
                             │
                             ↓
                        现金计划报告
```

3. 确认编制工作流程

资金计划编制工作由财务资金部发起，各部门分工协作，最后由财务资金部汇总平衡，送领导审核通过后呈上级批准。

四、现金收入／支出函数及其运用

1. 现金收入／支出函数

在收款／支付政策确定的情况下，

某笔业务收款／付款时间 =F（该笔业务发生时间）

某笔业务本期收款／付款金额 =F（该笔业务发生金额）

该函数揭示的是因收款政策造成的实际收款时间和收款金额与收款业务发生时间和发生金额之间的关系，或者付款政策不同造成的实际支付时间和支付金额与支付业务发生时间和发生金额之间的关系。

如：2005年6月建安完成量500万元。按合同7月份支付80%，支付金额400万元；假定2006年10月竣工，完工支付10%，11月支付50万元。简单表述为

（07/05，400）=（06/05+1，500*80%）

（11/06，50）=（06/05+17，500*10%）

2. 现金收入／支出计算公式和工具

本期现金收入／支出=（本期前发生业务+本期发生的业务）在本期的现金收入／支出

本期现金收入／支出计算工具是业务金额—现金金额二维表

（如表所示：粗灰线左边是每月的销售金额，右边是每月销售在各月的销售回款情况，右边最后一行合计是每月销售现金收入）

业务时间	业务名称	销售金额	现金收入	5月	6月	7月	7月以后
5月	销售	10000	10000	6000	4000		
6月	销售	12000	12000		7200	4800	
7月	销售	13000	13000			7800	5200
	总计	35000	月合计	6000	11200	12600	5200

3. 现金收入／支出函数运用

（1）销售业务现金收入的测算

带来现金收入的业务包括预收认购定金和销售房款。根据收款政策不同，收款业务可以细化为3大项：1. 定金；2. 房款（首付款，按揭款，一次付款，分次付款）；3. 抵扣定金。

（2）投资业务现金支出的测算

引起现金支出的业务包括各类投资支出。支出业务包括预付定金、支付费用、支付结算款。根据付款政策不同，建安费用项目可以细分为5大项：1. 设备采购支出（提前3个月订货，有的提前1个月订货）；2. 预付款；3. 建安工作量（结算款、甲供料）；4. 扣预付款 5. 扣甲供料。

五、现金收支测算

（一）销售回款的测算

利用销售进度—回款进度二维表计算资金收入

1. 确定销售进度。即确定每期销售产品、销售数量、销售均价、销售总价。

2. 确定销售回款进度。即按照定金、首付、一次付款、按揭付款估算回款时间和回款金额。销售当月回款用T+0表示，次月回款T+1，隔月回款T+2。

3. 计算每期回款总额。

销售进度 \ 回款进度	时间	销售金额	回款金额	**月	……	**月
	**月					
	……					
	**月					
	合计					

（二）开发现金支出的测算

利用投资进度—支出进度二维表计算开发现金支出

1. 确定开发形象进度

确定每期开发节点进度。

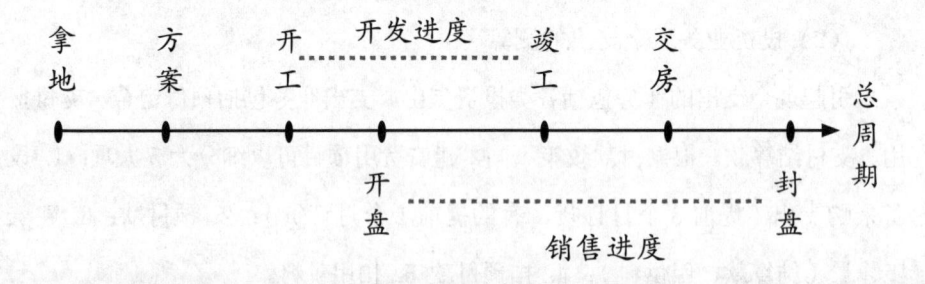

```
拿   方   开   开发进度   竣   交
地   案   工              工   房            总
●───●───●┄┄┄┄┄┄┄●───●────────→  周
             开盘                  封盘        期
              ●┄┄┄┄┄┄┄┄┄┄┄┄●
                   销售进度
```

2. 确定开发投资进度

确定每期投资总额和投资分类金额，包括土地费用、前期费用、建安成本、直接费用、贷款利息和管理费用。贷款利息、股东投入利息无论是否支付都要按月计算投资额。

3. 确定现金支出进度

（1）原则上土地费用、前期费用、直接费用和管理费用当期投资当期支付。

（2）无论贷款利息作为开发成本，还是作为期间财务费用，支付利息都作为筹资支出。

（3）建安费用根据支付政策计算确定每期支付金额。投资发生当月支付用 T+0 表示，次月支付 T+1，隔月回款 T+2，……

4. 计算每期现金支出总额

利用投资进度—支出进度二维表计算现金支出。

时间	投资金额	支出金额	**月	……	**月
**月					
……					
**月					
合计					

（投资进度 ↓，支出进度 →）

（三）销售费用和销售税费支出估算

销售费用：编制销售费用开支计划，销售费用当期支付。

销售税费：编制销售税费纳税计划，销售税费在收款次月申报缴纳。

（四）还本付息的测算

1. 外部贷款本金归还按借款协议确立还贷时间和还贷金额。股东本金直接在结余现金中归还。

2. 外部贷款利息按贷款支付方式确定支付时间，按贷款额和贷款利率计算利息金额。股东借款利息不论是否有支付能力都按期计算支出。

（五）融资金额和归还股东借款测算

保底后的资金余额 = 期末现金余额 − 期末目标余额

融资金额不低于保底后的资金缺口，归还股东借款不高于归还前的现金结余。

融资一般安排年初融资，归还股东借款在有归还能力月份安排还款。

（六）重新计算测算期的借款利息

由于测算期间新增融资或者归还股东借款，因此要重新计算每月贷款利息。

（七）计算期末现金余额

期末现金余额 = 期初现金余额 + 本期现金收入 - 本期现金支出。

六、项目现金收支计划报告

1. 现金收支计划说明

编制说明包括编制单位、期间、内容、分工、依据和结果。

依据是指：（1）进度节点计划；（2）销售计划；（3）销售回款政策；（4）投资计划；（5）支付政策；（6）贷款期限、付息方式。

2. 现金收支计划表

第三节　经济活动分析三部曲

经济活动分析的重要特征，就是坚持用数据说话，但仅仅报数字是不行的。为了做好本公司的经济活动分析，笔者进行了大量的思考，总结出经济活动分析的三部曲，由此建立起了"数—事—人"三者之间的关系，为深化经济活动分析廓清了思路。这一分析思路，受到普遍认同，现整理出来，与各位分享。

第一部：从数到数的分析。从数到数的分析的目的是反映数据的变动。从数到数的分析采用三个视角、使用四个模型、透视四个级次。

三个视角：一是与目标比看经营效果，二是与过去比看发展变化和发展趋势，三是与标杆／行业比看发展快慢。

四个模型：一是净利润＝收入－成本－营业税金－费用－所得税，二是净资产收益率＝收入净利润率×资产周转率×财务杠杆，三是经营活动现金净流量＝经营活动现金收入－经营活动现金支出，四是付现成本收现率＝经营活动现金收入／经营活动付现成本税费总额（经营活动成本税费总额－经营资产折旧和摊销）。四个模型分别用于分析经营成果、营运能力和现金结果、变现能力。

四个级次：总量变动—结构变动—要素变动—因素变动。总量是指分析主体的指标数据。结构通常指区域结构数据、组织结构数据、产品结构数据。要素通常指模型右边的指标，是某一指标数据的分解指标。因素特指构成总价的数量和单价。

第二部：从数到事的分析。从数到事的分析的目的是查找数据变动的原因，基本方法是因果分析法。任何变化都是有原因的，没有原因就没有变化。由于数和事存在着内在联系，因此数的波动为我们在数据波动的背后寻找到影响数据波动的事件提供了第一手资料。找到影响数据波动的事件，并分析这些事件对各种数据的影响大小，是这个分析阶段的主要任务。事件包括政策调整、市场盛衰、竞争格局、偶然事件、计划措施等。这个阶段的分析重点是检查计划措施的落实情况和落实效果，为调整计划和制定新的控制措施提供依据。

第三部：从事到人的分析。从事到人的分析的目的是查找责任人，采用的根本方法就是职责对应和记录印证。事靠人做，事由人做。从事到人的分析，就是要找出在分析期内，谁对公司的贡献大，谁给公司造成了损失，谁在控制风险方面做出了突出的贡献，为公司对职能部门的考核和奖罚提供可靠的、可信的依据。

在经济活动分析三部曲指导下，实现了经济核算和经济管理的高度结合，克服了传统分析中的"就事论事，泛泛而谈"和"从数到数，数字循环"的缺陷。

经济活动分析三部曲建立在"数—事—人"三者之间内在联系的客观基础之上，确立了经济活动分析的分析路径、分析目标和分析方法，是经济活动科学分析的指南。

第四节　基层施工单位经济活动分析理论总结

2002年9月××总公司召开了总公司成立以来首次经济活动分析会，各工程局根据总公司的统一部署，企业各个层次结合自身的实际相继开展了声势浩大的经济活动分析。时至今日已经形成了制度定期进行，这是一件很了不起的事情。

经济活动分析就其内容的广泛性而言，应列为"一把手工程"。职能部门的专业局限性和职权的局限性，不足以组织全局性的工作，因此从上到下经济活动分析都是一把手亲自抓，这是很可贵的。

本人协助组织和参与了本单位经济活动分析，感受颇深。经济活动分析广而深，一怕深入进去走不出来，二怕浮在表面华而不实。一般而言，求全、求深、强调技术分析的人走不出来，评功摆好、秉持经验、喜欢清谈的人华而不实。判断经济活动分析成败标准：看它能否从总体上把握企业发展动态和发展趋势，看它能否抓住经济运行中影响全局的主要问题，能否找到解决问题的有效办法。因此经济活动分析一定要讲方法，重点是克服技术上的神秘主义、专业上的狭隘主义和报告中的事务倾向和问题倾向。

我尝试总结施工企业主业利润中心——基层施工单位的经济活动分析，一方面是为企业经济活动分析活动捧个场，另一方面则是梳理一下工作思路，阐述自己的点滴心得，为经济活动分析的深入开展尽点力。

财务审计工作思考

在行文前赠送经济活动分析的六句箴言：

让大家来分析（聪明人不如知情人）

要系统分析（经验分析不如科学分析）

用数据说话（事实胜于雄辩）

报告简明扼要（要言不烦）

重在改进（宗旨永不忘）

保护积极性（言者无过）

一、基本概念

1. 基层施工单位是指直接管理若干个项目经理部的内部独立核算单位，最典型的是主业分公司。

2. 基层施工单位经济活动：指施工单位运用企业的人财物资源从事工程承包取得施工利润的活动。施工单位的经济活动是物质运动、价值运动和信息运动的统一，是作业活动、技术活动和管理活动的统一。施工企业的经济活动以技术做支撑、以管理为手段、以作业活动为基础，以"双增双节"为基本途径，实现产出最大化、利润最大化和经营活动现金净流量最大化。

3. 基层施工单位经济活动分析：是施工单位目标管理的一个环节，其功能是揭示实际与计划的差异，评价经济活动的成果，诊断经济运行的质量，确定影响计划完成的原因，提出改进建议，侧重于解决影响全局的共性问题和个性问题。经济活动分析的成果是修订期间计划、制定整改措施和进行责任考核的基本依据。

4. 施工单位经济活动分析会：是经济活动分析的一种形式，是单位主要领导人召集的，各部门广泛参与的，民主的、科学的、有效的经济活动分析的形式，经济活动分析的文字成果是经济活动分析报告。一次经济活动分析可能需要召开多次经济活动分析会。

有些单位经济活动分析会的内容是领导做经济活动分析报告，这实际上是经济活动分析成果的报告会。旨在传达经济活动分析的成果，落实经济活动分析的建议，布置今后一段时期的工作。

5. 职能部门经济活动分析：职能部门是单位经济活动管理的主体，主要负责分析本部门负责的经济责任指标的完成情况，其次还要分析管理制度的执行情况和管理活动的开展情况，把本部门的工作和本部门承担的经济责任指标紧密联系起来。由于目前全面预算指标并没有具体分解到部门，分析所需的基础资料缺乏，这一块的分析还是薄弱环节。

6. 财务报表分析：企业财务报告集中概括了企业物质运动和价值运动的结果，通过会计五要素从价值层面整体上揭示企业生产要素的投入、产出情况和生产要素的变动情况。通过财务报表的分析，可以揭示经济活动的效果、效率和发展变化情况，因此财务分析在企业经济活动分析中占有十分重要的地位。经济活动分析可以看成财务分析的深化，即从价值分析深化到对具体作业活动、技术活动和管理活动的分析，甚至是管理理念和政策的检讨，这自然要求分析主体要扩大到各职能部门，深入到作业班组和项目经理部。

7. 经济指标：通常指投入产出指标。指标类型有数量指标和价值指标，有绝对指标和相对指标，有时点指标和期间指标，有单项指标和综合指标。我们熟悉材料的进、销、存数量，单价、合价指标，财务的资产、负债、权益、收入、成本、费用、利润指标，设备的数量、原值和净值，都是典型的经济指标。现代企业经济指标主要以价值指标为主，但经济分析离不开数量指标。

二、经济活动分析的目标

1. 检查年度计划／预算的完成情况，揭示实际与计划／预算的差异，评价经济活动成果的好坏。

2. 诊断经济活动控制过程，检查与计划密切相关的主要措施落实情况，找出存在的问题，揭示问题对差异的影响程度，评价经济活动控制过程是否有效。

3. 调整期间计划，确保年度计划／预算的实现。

4. 提出改进措施，建立措施和计划之间的联系。

三、经济活动分析的原则和要求

1. 坚持行政一把手亲自召集的原则。

2. 紧紧围绕完成年度目标展开分析的原则。以分析企业年度主要经济技术指标完成情况为中心，以落实影响年度主要经济技术指标完成的主要技术措施、管理措施为重点，以上年同期数据为参照。

3. 分析采用的数据应真实、可靠的原则。经济核算数据和职能部门的管理成果要能相互印证。

4. 各职能部门广泛参与的原则。职能部门广泛参与，可以充分利用职能部门的日常核算资料和管理资料，可以充分发挥职能部门专业信息优势和专业判断优势，可以增强经济活动分析会的活力，可以培养管理干部分析能力、判断能力、综合能力，可以增强部门的自我管理意识，可以提高分析的质量和执行效果。

5. 采用经济活动分析会的形式。充分发挥经济活动分析会的功能，使经济活动分析会成为各部门分析和报告本部门分管工作对企业经济目标的贡献和影响的报告会，成为公司对中层以上干部灌输预算管理思想的培训会，成为职能部门互通情况、交流经验的交流会，成为单位实施民主管理、厂务公开，诊断企业健康状况和分析、考核企业预算落实情况的诊断会，要避免用经济活动分析报告会的简单形式代替经济活动分析会。

6. 全面、深入、透彻的原则。分析评价公司经济活动基本面，定性一定要全面准确，揭示问题一定要抓住要害，措施一定要有针对性。对实际与计划之间的差异要追溯到具体作业环节和关键的控制点。要按照"数—事—人"之间的联系，追根溯源。经济活动分析常见的问题：一种是从数到数的分析，这种分析的不足在于分析不彻底；另一种分析是就事论事的分析，数和事两张皮，这种分析的不足在于分析过程不严谨、不科学。在企业经济活动中，事由人办、数由事生，分析只有建立起数—事—人之间的直接联系，确定问题、提出建议才有针对性，才能落实到具体的作业环节和管理部门，才能收到好的效果。分析不能停留在复杂的技术层面，分析目标是发现问题、解决问题。分析不能留下一串"为什么？""怎么办？"，而是要指出"是什么""这么办"。

7. 分析效果大于分析成本的原则。提高分析效果的途径就是要充分利用分析成果，把分析与考核、分析与控制、分析与计划、分析与决策结合起来，促进企业管理水平提升和效益提高。降低分析成本的途径就是要充分发挥职能部门的作用，突出重点，要善于总结制定分析规范，不断提高经济活动分析的效率，降低经济活动分析成本。

四、经济活动分析的程序和方法

1. 下发召开经济活动分析会的通知并召开经济活动分析会的布置会。
2. 各部门设计基础表格，采集基础数据，初步分析数据，把握基本情况。
3. 各部门总结管理活动，寻找管理差异，挖掘管理题材，说明基本情况。
4. 根据工作进展情况组织召开中间讨论会，一般采用非正式会议。
5. 召开经济活动分析会，归纳整理分析结果，撰写经济活动分析报告。
6. 修正期间计划、提出整改方案，落实经济活动分析成果。

五、经济活动分析的组织

经济活动分析采用经济活动分析会的形式。经济活动分析由单位总经理负责，总经济师协助，专业领导分工负责，秘书办或者财务部承办，各职能部门参与。

经济活动分析可以分为三块来组织。

整体这一块：财务部牵头并负责通报年度计划指标的实际完成情况、全年预计完成情况，通报管理费用的开支情况和部门包干费用的开支情况。办公室牵头并负责通报公司管理工作的推进情况。

职能系统一块：围绕市场拓展、合同履约、资源配置、结算、收款、盈利水平、收支情况、管理体系运行，分别由相关职能部门进行分析报告。分析内容集中在工作措施的落实情况、工作取得的成果和工作中发现的主要问题。

项目这一块：配合公司的经济活动分析，填报有关资料，同时进行自身的经济活动分析。分析围绕合同履约、成本控制、风险化解和资金回收进行。公司可以根据日常掌握的情况，安排编写典型材料。

六、经济活动分析报告

基层施工单位经济活动分析报告是基层施工单位经济活动分析成果的集中概括。报告的内容包括对单位年度主要经济技术指标完成情况的分析评价、对日常经济活动的主要成绩的总结、对单位经济运行过程当中存在的主要问题的分析以及改进建议。报告中评价和总结要用定量数据证实定性的判断，建议要随问题提出。

职能部门的经济活动分析报告是单位经济活动分析报告的基础，要做到目标明确，内容完整，基础数据真实、可靠，基本情况表述准确，分析过程科学规范，问题定性准确，措施和建议针对性强。

项目经济活动分析报告是单位经济活动分析报告的参考，包括项目责任指标的完成情况、项目成本节超情况、项目成本风险化解情况、项目管理工作情况和下一步工作重点。

撰写经济活动分析报告的基本要求是简明扼要描述经济分析活动开展情况，准确判断经济运行过程是否受控、措施是否有效、结果是否符合预期、严格使用客观真实的数据和材料证实报告做出的判断、一针见血指出经济运行存在的问题、有针对性地提出建议和意见。

七、经济活动分析报告的运用

作为对职能部门考核的依据；

作为调整期间计划的依据；

作为制定整改措施的依据；

第五节 工程项目子项成本分析技术研究

传统的建筑产品成本分析首先是计算成本总量及总量节／超、成本项目分量及分量节／超、成本要素细量及细量节／超；其次是查找成本节超的原因，原因确实是"找"出来的，不是核算资料给出的。

本书要阐述的子项成本分析技术是在成本事项发生时对成本事项进行分类标识，然后对其实际发生的成本进行记录，通过手工或者软件进行成本数据整理，归纳总结，最后提出工程成本分析报告。子项成本分析技术将过去查找原因变为现在对原因直接计量和报告，是工程成本分析技术的崭新突破。

子项成本分析技术是以本人提出的经济活动分析"三部曲"分析模型作为理论基础的。即从数到数的分析，从数到事的分析，从事到人的分析。这个模型反映了"数由事生，事由人做"的客观事实，从而揭示了"数—事—人"三者之间的确定关系。

根据这个模型，假设我们能够记录每件"事"的成本，那么我们自然知道成本发生的"因"；假设我们能够记录做每件"事"的人，就能找到成本的"责任人"。工程项目的"事"就是工程项目工程量清单中的独立计价项目，因为这些"事"产生了成本，因此它们便是成本的"因"。本书将产生成本的事项称为工程项目子项，对其产生的成本称为子项成本。

一、工程项目子项初始成本报价分析

合同签订后，公司组织编制工程项目工程量清单项目的成本报价和预计成本，通过各子项的预计成本同成本报价比较，找到盈利子项、亏损子项和风险子项，作为成本策划的依据。

二、工程项目子项实际成本分析

（一）子项分类及名称

实际施工过程中，我们施工的主合同子项称为合同初始子项，以后因合同量增减、设计变更、工程索赔等原因增减的子项为变动子项，对变动子项按属性分别命名予以标识。

施工阶段实际进行施工活动的子项包括 6 项

1. 合同初始子项：工程量清单报价内的子项。
2. 增补合同子项：因签订增量合同增加的子项。
3. 设计变更子项：因设计变更产生的子项。
4. 索赔子项：因向业主索赔产生的子项。
5. 施工损失子项：因自身原因产生损失的子项。
6. 施工方法变更子项：实际施工方法和报价时设定的施工方法不同的子项。

施工阶段主合同清单中不施工的子项 2 项

1. 减少合同子项：因签订减量合同减少的子项。
2. 被设计变更子项：因设计变更减少的子项。

报价分析发现的漏项 2 项

1. 合同报价漏项子项。

2. 结算报价漏项子项。

（二）分类子项的数据特征

如果我们用 A 表示合同签订时的成本报价，B 表示结算价中的成本报价，C 表示实际发生的成本，0 表示没有数据。那么各类子项成本数据特征如下：

子项类别	A	C	B	B-C	B-C 性质
合同初始子项	A	C	B	B-C	量价可比的量价节约额
增补合同子项	0	C	B	B-C	
设计变更子项	0	C	B	B-C	
索赔子项	0	C	B	B-C	索赔净得
施工损失子项	0	C	0	-C	施工损失
施工方法变更子项	A	C	B	B-C	新旧方法收支差额
减少合同子项	A	0	0	0	
被设计变更子项	A	0	0	0	
合同报价漏项子项	0	C	0	-C	合同报价漏项损失
结算报价漏项子项	A	C	0	-C	结算报价漏项损失

根据子项成本数据特征可以看出：只有合同初始子项、增补合同子项和设计变更子项消耗的成本要素的量价是可比的；施工损失、合同报价漏项损失、结算报价漏项损失只是成本节约额的三个抵减项目；索赔净得是偶然所得；施工方法变更子项消耗的成本要素量价是不可比的。

（三）子项实际成本分析

已知各类子项成本数据，子项成本分析步骤如下：首先计算成本总量及总量节/超——分类子项成本分量及分量节/超——量价可比子项成本项目分量及分量节/超——量价可比子项成本要素细量及细量节/超。其次是直接根据成本分析资料编写项目成本分析报告。成本分析报告应当根据分析材料总结项目成本工作取得的各项成绩：

1. 成本责任目标实现情况
2. 当期成本计划完成情况。
3. 化解投标报价亏损子项和风险子项取得的成果。
4. 实施量价控制措施取得的成果。
5. 施工索赔工作取得的成果。
6. 施工损失控制取得的成果。

子项成本分析技术是在成本发生时直接确认成本产生的原因和计量成本发生金额。在实际操作过程中，需要建立子项成本相关记录、台账和分析表格。在传统成本核算基础上需要补充的相关记录、台账和分析如下：

1. 初始报价分析的亏损子项、风险子项的成本控制记录。
2. 施工损失的记录和台账。
3. 索赔记录和台账。
4. 合同报价漏项损失记录和台账。
5. 结算报价漏项损失审查记录和台账。
6. 施工方法变更子项成本记录和台账。
7. 子项成本报表。

（自评：成本分析技术破晓之作，成本分析软件先锋理论）

第六节　论建筑企业信息化建设

人类已经进入信息社会。信息具有普遍的社会效用，是社会经济发展的结果。早先信息对于政治和军事是重要的，现在信息对于企业是生死攸关的大事。我国加入WTO，必将极大地促进我国市场经济的发展。市场经济越发达，经济越自由，企业有了更多的发展机遇，同时也面临更多的生存风险。当前，许多企业的信息化工作进入了一个转折时期，业务系统的信息化工作已经达到了一定的水平，迫切需要上层次、上台阶，因此对信息化建设进行深入的总结和思考，对指导转折时期的信息化建设是十分必要的。下面是我的一点思考，供建筑企业领导、财务主管和信息工作者参考。

一、建筑企业信息化建设的特点

企业信息化建设从本质上讲是一项基本建设，目的就是用现代信息技术改造企业原有的管理系统和生产经营系统，这和传统的生产技术改造是不同的。受建筑企业的市场特征、组织特征、地域特征和生产特征影响，建筑企业信息化建设呈以下特点。

1. 建设目标的实现是在建设的过程当中，而非建设完成之后。建筑企业信息化建设的目标是二元的：增加企业收益和提高企业综合竞争力。由于信息化建设直接融合在企业现有的生产经营活动中，建设和生产经营紧密地结合在一起，信息应用的水平和应用的先后直接影响市场竞争的能力。如果在这项建设中抢占先机，往往会带来意想不到的收获。这就要求我们在安排建设投入时应优先发展生产经营系统。

2. 建筑企业的信息化建设可以按组织的财务目标不同分为三种模式：投资中心模式、利润中心模式和成本中心模式。建筑企业组织形态有集团总部／总公司、公司、分公司和项目四种形态，每一种形态都有明确的财务目标。我观察到同一中心的信息需求大致相同，不同中心的信息需求则不相同。我们可以依据每一个组织形态在组织结构中的财务目标将其归属到某个中心，进而选用一种模式。这一规律对指导建筑企业的信息化建设是十分有用的。同时，为反对"一种模式观"和"无模式观"提供了理论支持。

3. 建筑企业信息化建设包含三个方面：独立经济实体的信息化建设、业务系统的信息化建设和数据中心的建设。数据中心是企业的信息化建设的设计规划部门和技术保障机构，是信息化建设成败的关键。业务系统是企业信息的加工车间，是信息化建设的核心。独立经济实体，是投资主体和市场竞争主体，是信息的使用者，是信息化建设服务的对象。独立经济实体的信息化建设主要是整合企业的信息资源和协调业务系统的信息标准。这部分的建设在企业信息化建设的初期一般不考虑。

4. 业务系统的信息化建设各有其特点。经营系统：由于客户市场是受政府管制的，各地都有招投标中心，这方面的信息是公开的、透明的。企业跟踪工程信息，应从跟踪投资信息开始，而这一信息集中在少数人手里，因此经营系统的信息手段和传统的业主信息管理手段相结合，并且传统的信息手段占据相当重要的位置。采供系统：建筑主要材料供应商资本雄厚，拥有健全的供应网络，但建筑企业的工地分散，需求不均衡。建筑企业可以使用信息技术建立物资配送中心，实现集中采供，降低采购成本和物资库存水平。生产技术系统：建筑企业的施工生产是现代技术装备和传统手工作业相结合，生产过程是露天的、间断的，生产过程中伴随着设计工作，因此生产领域的信息化建设只能是局部的。管理系统：建筑企业组织机构呈地域分布，业务管理的标准化程度不高，职能系统相互独立，又相互联系，投资成本很高，这部分投资与业务增长没有直接关系，因此管理系统的信息化建设是风险管理的重点。

二、建筑企业信息化建设投资决策

（一）投资分类

对决策而言，有两种分类是重要的，即按投入的要素和产出效果进行分类。

建筑企业信息化建设投资按投入的要素可以分为：硬件投入、软件投入和员工培训投入。这种分类对编制投资预算是必要的。

建筑企业信息化建设投资按产出效果分为三类：增值性投入、消耗性投入和基础性投入。增值性投入是指能增加企业财富总值的投入，主要指经营系统的投入；消耗性投入是指不能增加企业财富总值，直接消耗企业财务资源的投入，主要指管理系统的投入；基础性投入是指服务于企业生产经营和管理信息化的投入，主要指信息中心的建设。这样的分类对确定投资顺序、加强投资管理和减少投资风险是十分有用的。

把握投资的分类，就从质上把握了投资的规律，了解了投资的内容和各类投资的经济属性。

（二）投资决策事项

1. 独立经济实体、业务系统和数据中心的信息化建设决策。数据中心应优先发展，发展速度应尽量快一些，涉及基础投入的方面质量要求应该高一些。业务系统应优先发展增值性系统和决策支持系统。业务系统的投资有增值性的、有消耗性的、有基础性的，在财务资源不足的情况下，要区别对待。同时业务系统是信息的加工车间，存在分工与协作，因此要注意平衡发展。经济实体的信息化建设主要是整合企业的信息资源和协调业务系统的信息标准，这方面工作要在信息化建设达到一定水平后实施。

2. 硬件、软件和员工培训的投入决策。在决策时应始终坚持软件决定论。硬件投资和培训投资都要围绕软件的实际运用来进行，这对提高投资效果，避免资源浪费是很有效果的。选择软件应坚持先进、适用和经济相结合的原则，只有适用的才是有用的，只有经济的才是可用的，只有先进的才是需引进的。员工培训分为骨干的中高级培训和普通工作人员的适应性培训。骨干的中高级培训必须超前，普通工作人员的培训则不宜强调超前，因为不用则忘。硬件投入与软件投入相适应就行。研究系统升级主要考虑原有系统的技术寿命和经济寿命处于什么阶段，新系统的软件、硬件和人员适应能力如何平衡，新系统对原有系统资源的利用程度，新系统比旧系统的功能是否先进。一般而言，企业在系统经济寿命末期进行系统功能升级是最经济有效的。在研究系统升级时要克服两种倾向：一是盲目追踪信息硬件技术的进步，不断进行设备升级活动。二是紧跟软件的开发平台进行升级，系统功能没有实质性的提升。这两种升级，都会导致财务资源紧张和系统资源浪费，也加重了工作人员的学习负担。

在讨论投资决策时，由于地位差异和扮演的角色不同，业务系统负责人、数据中心负责人和财务负责人考虑问题的出发点会有明显差异。一般而言，业务系统侧重强调系统的技术装备水平和应有水平与同行的差距，数据中心考虑更多的则是技术先进与否，财务人员则担心投资来源，因此企业领导在进行信息化建设决策时应当权衡各方面的意见，在矛盾的运动中把握轻重缓急，不能凭感觉偏向哪一方的意见。

三、建筑企业信息化建设产出的控制

有投资就会有产出，投资收益是投资收入和投资成本的对比结果。评价投资优劣，必须考虑产出的效果。不同类型的投资产出效果大不相同，因此要依照投资类型的不同采取不同的对策。

1. 增值性投入一定要抢占先机。经过四十多年的改革开放，建筑企业获得了长足发展，建筑企业传统的高大新尖特难技术已经普及。随着现代信息技术在建筑领域的运用，建筑企业传统的建筑技术的竞争转变为现代信息技术应用水平的竞争。因此，对直接面向市场竞争的经营系统和技术系统的信息化工作一定要高标准、严要求。

2. 消耗性的投入一定要实行机器"排挤人"。对企业管理部门的投资成本，必须通过机器"排挤人"的方式获得经济效果。管理系统的信息化建设可以从根本上提高企业的管理效率和管理质量，但这个过程是渐进的。因此，企业主要采用隐形方式实现机器对人的排挤，一是强迫业务系统加强薄弱环节的建设，二是在业务发展时从原有系统中抽调人员或者遇到人员减少时不补充人员。这种做法是十分科学的。

3. 基础性建设必须在整合管理资源和改善决策指挥系统上发挥作用。企业应当发挥局域网和互联网的作用，将电话、传真和手机等设备连接起

来，用于企业的决策指挥系统，同时使业务管理变得及时快捷。由于这些需要专业技术，因此现有的数据中心应向电子商务中心转换，使企业信息化建设向适用方向发展。

4. 经济核算系统向一体化方向发展。经济核算系统是企业决策支持系统，也是企业的财务安全系统。信息的真实性对企业财产的安全和领导决策是至关重要的。今天软件产业的新卖点"业务和财务一体化"，对经济核算的影响就是解决信息生产分工造成的时间上的断裂和满足信息协作所需的结果共享，也就是我们通常所说的经济核算一体化。这个问题在传统的信息处理手段下是很难解决的，主要是成本太高。经济核算系统的电算化在解决各系统的信息生产时效方面效果十分明显，但由于数据共享程度不高，各业务系统没有很好地考虑相关业务系统信息输入的需求，存在二次加工，造成核算结果不一致。因此，企业不仅要抓各业务系统的电算化，还要抓业务系统的信息协调工作。

5. 加强信息设备和耗材管理。企业实现信息化建设后，产生了新的费用耗费，这是一笔不小的开支。企业对于计算机、打印机和网络设备都要纳入固定资产管理范畴，无论是购置、维修、更新、处置都应有相应的规定。各种耗材要实行集中采购，制定消耗定额，纳入预算管理，纸张要双面使用。追求设备高档化、扔弃可用的旧设备、不维修旧设备、动不动就新购设备，这些现象带有一定的倾向性，企业领导对这些现象应加以关注。

四、建筑企业信息化建设的评价

从上面的论述中可以得出如下结论：1. 企业信息化建设的评价只能是

中、长期评价，短期的评价是没有足够说服力的。2. 企业信息化建设的评价内容是二元的，即投入产出率和对综合竞争力的影响。3. 企业信息化建设的评价指标是定性指标和定量指标的统一。企业信息化建设对管理质量和管理效果的影响，都必须进行定性分析；对管理效率、生产效率和财务状况的影响程度以及投入产出率大小，只能采用数学分析和统计分析的方法进行测算，弹性比较大。正因为如此，企业更应该注重研究信息化建设的投入产出规律，做好事前决策和事中控制。

第七节　会计电算化调查报告

为了掌握财务系统计算机配置情况，了解计算机知识普及和会计电算化达标进展情况，以调查表和文字资料的形式在全局范围进行调查，现将调查情况汇报如下：

一、基本情况

1. 在硬件方面：财务系统建有 28 个局域网，拥有站点 120 个，采用单机核算的计算机 107 台，其中：586 以下的服务器、工作站和单机分别有 3 台、22 台、24 台，主要集中在一公司和局后方单位，这些设备的经济寿命都已经到期，技术寿命早已终结。财务系统配有打印机 149 台，其中：针式打印机 134 台。

2. 在教育培训方面：掌握财务软件的人数为 623 人，占会计人员总数的 84%，其中：达到中级水平的 29%，这表明电算化知识普及情况与计算机运用情况是相适应的，但中级培训还需要加强。

3. 在财务软件运用方面：有 17 个二级单位、30 个在级单位、64 个项目，脱离了手工记账。一公司机关在武汉和荆门建有两个局域网，一公司珠海分公司在珠海和广州建有两个局域网，一公司深圳分公司下属三个单位都实现了会计电算化。这表明各级领导是支持电算化的，会计人员是欢迎会计电算化的，会计工作是需要电算化的。近两年基层一直在自觉推进这项工作，这种局面是非常可喜的。

4. 在解决千年虫方面：有千年虫的设备 130 台，100% 得到期解决。

二、会计电算化产生的影响

1. 会计人员告别了繁琐枯燥的记账、算账工作，提升了会计人员的生活质量。过去财务工作有一个显著的特点：月头月尾忙算账，加班加点难顾家。现在是记账分分钟，月底不发愁。这既保护了会计人员个人的身心健康，也减少了对他们家庭生活的影响。

2. 减少了个人在会计核算过程中的作用，会计资料规范化程度提高。现在账、表都是计算机打印的，没有字的好坏差别；凭证、账簿的格式统一，没有单位地域和会计人员嗜好形成的差异；余额、每月合计、年度累计运用计算机，没有错误和涂改现象；封面采用计算机设计，更美观。

3. 会计工作向财务管理延伸，提高了会计工作在企业管理中的价值。目前部门费用预算管理就是得力于计算机的使用，仅局总部通过执行部门费用包干办法，98 年就节约开支 68.69 万元。

4. 为保障会计信息的及时性提供了物质手段。实施信息化工程后，无论从信息传递、加工、存储和利用等方面来看，可以说是今非昔比。目前报表加工时间比过去节约了近一个月时间。如果，普遍采用电子邮件传递财务报表，加上财务软件功能改善，配之以基础工作的进一步规范，相信报表工作这个老大难问题将会成为历史。现在银行存款、各种往来等可以时时反映，不再是日清月结。

三、存在的问题及建议

1. 电算化专业人才缺乏，阻碍了会计电算化的发展

尽管我们提倡服务社会化，但总归是自己的事自己清楚。事实上许多问题，让外部来解决，常常搞得我们提心吊胆，哭笑不得。现在，许多单位提出局财务部要多下去实际指导，把希望寄托在局里。我认为这反映了两个问题，一是会计电算化工作不是一帆风顺的，问题难免；二是基层自己解决问题面临许多实际困难，需要帮助。我们是可以克服一些困难去帮助他们，也可以通过一定的方式来服务，但那是很有限的。我们毕竟有许多工作缠身，时间不允许。加上都是半路出家的，基础差，技术不全面，平时也没有足够的时间来钻研，做起来也费劲。如果我们拥有机动的电算化专业人才可以利用，将会改变这种现状；如果能带出一批学徒来，实在是一件比较经济有效的办法。我们设想先在局、一公司、二公司、三公司总部和各区域性公司保证有一名会计电算化专业人才，公司内部有这种人才的要调到公司来，没有的要引进或者将现有的人员送去进修或安排到计算机中心工作一年半载。

2. 设备和软件的矛盾突出

我局的电算化工作不是一步到位的，各单位设备投入的时间相差很大。信息产品，无论是硬件还是软件更新换代都是很快的。会计电算化工作一开始就是实行系统管理的，系统管理就要涉及系统的寿命问题，要强调软件的统一性，软件升级得有一个过程。当各种设备并存时，就出现了设备和软件的矛盾。目前，对专业软件来讲，矛盾直接表现为大量的先进设备和落后的旧软件之间的矛盾；对非专业软件来讲，则表现为全部的软件和少数旧设备的冲突，因此财务系统旧设备的更新和专业软件的升级换代必须提上议事日程。

3. 电算化工作的进展情况与财务管理工作面临的任务不适应

时代的发展是不以我们的意志为转移的，市场经济只会使财务管理任务越来越繁重，我们现在体会是很深的，要完成任务，采取人海战术是企业发展所不允许的，念"苦"经，念"忙"经，是没有出路的。不如退而学技术，解放自己。现代科学技术毕竟为我们提供了可以利用的手段，前期的电算化工作已经给了我们实实在在的回报，这一点大家有共识。我们目前的电算化工作是有成绩的，但这还不够，将来有越来越多管理技术的实施要依赖计算机，因此我们应当抓紧实现公司、分公司电算化工作100%达标和推动电算化在大型项目的运用。

4. 目前电算化工作与现代企业管理要求还存在很大差距

我们现在采用的是核算型的而非决策型的财务软件，运用的范围还很有限；财务软件还是一个孤立的系统，与材料、设备、劳动工资等基本生产要素管理系统的数据不能共享，只能处理纵向信息，不能处理横向信息。电算化工作还处在初期的简单运用上，将来如何发展，我们认为需要引进成套的企业管理软件，把专业系统的运用和单位各职能部门的整体运用结合起来，使企业的信息工作上档次、上层次。这个问题，财务系统是无能为力的，这需要局信息中心认真加以研究和策划。我们目前要做的是进一步扩大计算机在财务系统业务范围内的运用，把现有的功能运用好，把现有的资源利用好。要采取一定的形式组织软件运用成果交流，推广已经成熟的核算技术。

| 第一章 | 实务之上 ◎

第八节　推行项目成本管理必须树立的十个观点

项目成本管理是一个大课题，我局推行项目法施工已经十多年了，也算是持之以恒。在制度上和实践上都取得了重大突破，形成了比较系统的管理制度和操作手册。特别是一公司珠海分公司成本管理工作取得了相当成就，声名远播。但直到现在，局内部还有相当多的分公司成本管理工作只有形式，没有效果，这不得不引起我们的深思。

项目成本管理的十个观点阐述了"以人为本"的思想，倡导了传统的群众性的成本管理活动。分析了企业层次和项目层次成本管理工作之间的关系，指出了企业层次成本管理工作的重要性，项目层次成本管理如果脱离了企业层次将是无序的，是十分危险的。科学地界定了企业全额经济技术承包合同的性质，明确指出了它的局限性，告诫企业不要以包代管。分析了成本节约的有限性，成本超支的无限性，号召"节约每一个铜板"，坚决反对铺张浪费。运用现代管理思想中的"代理人"学说，确切地回答了项目经理的职业角色，要求项目经理"受人之托，忠人之事"，尽心尽力完成企业确定的经济技术目标。运用作业成本的思想，阐述了企业实施全员成本管理和全过程的成本管理的必要性。结合建筑业成本管理的实践，指出了施工组织设计的节约是最有效的节约、质量损失是最大的损失，要发挥技术人员和工程管理人员在成本管理中的作用，提高成本控制工作的科技含量。结合当前出现的重价值轻实物，重消耗轻占用的思想,说明了实物管理和价值管理相结合,资金消耗和资金占用管理相结合的重要性。根据建筑产品成本补偿的特点,提出了成本控制和成本补偿是一个问题的两个方面,要求加强合同管理、工程结算和回收工程款的工作。根据成本核算在整个成本工作中的特殊地位,指出成本核算是对项目成本管理业绩评价的基本手段,企业必须高度重视这项工作。

一、树立成本管理工作以人为本的观点,注意培养职工的成本意识和勤俭节约的美德,积极开展群众性的成本管理活动,不要片面强调成本管理的专业性和技术性

成本管理是一门大学问,但企业的成本管理不是做学问。无论在哪里,技术都只是一种手段。节约成本最终要由操作者来决定,不走群众路线,成本管理工作只能是纸上谈兵。

管理细分,带来了管理科学的繁荣,提升了专业人员的价值,但也肢解了专业管理之间的联系,易使人们的认识出现片面。在成本管理工作中,利用成本管理学做指导,发挥成本专业人士的作用是必要的、有益的,但成本节约目标是一个组织的目标,必须依靠组织内成员共同努力才能完成。如果把希望寄托在少数几个成本专业人士身上,是十分荒谬的。

成本具有普遍性。从领导决策到施工组织设计到日常施工管理到工人的劳动,都直接或间接地增加或减少成本支出。成本无处不在。节约成本支出,减少成本浪费,人人都可以做贡献。如果每一个人都明白这个道理,都自觉地关心成本,都认识到自己身上的那一份成本责任,不因为只是小的节约不去争取,不因为只是小的浪费不去珍惜,到那时成本就可以不控而控。

成本管理归根到底是对人的管理。实践证明：我们现在成本管理中的损失、浪费，绝大部分都是人为的。企业的合理利润、技术进步的效益相当大的份额都被吞噬了。

成本管理，必须以人为本。我们在企业中树立"节约光荣，浪费可耻"的道德观点，建立"节约有奖，浪费受罚"的利益机制，制定各种管理制度，它的核心就是要统一人的思想，约束人的行为，要把没有觉悟的人改造过来，达到人人自觉这种理想境界。把理想和现实结合起来，我们会更深刻地体会以人为本的重要性，把成本工作做得更深入、更细致，更深入人心。

二、树立成本管理工作两个层次的观点，正确处理企业层次和项目层次的关系。项目法施工是一种管理模式，而非施工生产的方法

从管理层次的观点来分析，企业层次的成本管理带有全局性，是做好成本工作的根本。企业层次的工作到位程度是项目法施工整体水平高低的重要标志。评价企业层次成本管理水平高低的核心指标是项目平均成本降低率。企业层次成本管理目标就是消除项目间的个体差异，使平均成本降低率最大化。企业层次要做到制度健全、责任明确、基数合理、服务到位、监督有力、兑现及时。

项目层次的成本管理工作带有个别性，是成本管理的基础。项目层次要做到遵章守纪，顾全大局，积极主动，勤奋工作，虚心接受指导，坚决服从管理，全面完成各项经济技术指标，用合法的劳动成果换取劳动报酬。只有两个层次的成本工作都做好了，企业的成本目标才能有保障。

在项目管理实践中，分公司领导容易忽视企业层次的作用，对企业职能部门和项目签订的横向合同履行情况监督不力，导致职能部门有职无权无责，有职有权无责，这个现象非常普遍。

三、树立全额技术经济承包合同是一种以激励为主的分配制度形式的观点，克服以往把它简单地理解为平等的合同主体之间的权利义务关系

项目班子本身是企业为了完成特定的施工生产活动成立的一个组织机构，本身不具备对项目的亏损给予赔付的能力，也不能直接占有和支配项目取得的利润。我们在实际工作中经常抱怨的项目负盈不负亏，实际上是由这种制度本身的性质决定的，不能简单地归结为管理层的软弱无力。

全额技术经济承包合同是企业为实现工程管理的目标跟项目签定的管理责任契约。契约中明确了企业和项目之间是管理被管理的关系，不是平等的合同主体关系。契约是责、权、利的统一，其中责任是核心，权力是保障、利益是动力。从经济学的观点来考察全额技术经济承包合同，其性质是一种以激励为主的分配形式，是利用利益的扛杆作用调动项目管理人员积极性，从而实现企业管理目标。

用经济手段管理经济，是思想上的进步，但并不是"一包就灵"。"一包就灵"实质上是只看到了它的激励作用所产生的有利效果，而没有看到它的局限性。"以包代管"，就是在"一包就灵"这种错误思想指导下的管理行为，已经给我们企业造成了严重的损失。正确理解承包制，对发挥承包制的积极作用、克服其消极作用有至关重要的意义。

四、树立成本节约是有限的，成本超支是无限的观点，发扬节约每一个铜板的精神，坚决反对铺张浪费

技术成本是工程实际成本的最小极限。成本是一种客观实在，生产某一产品消耗的人工、材料、机械等费用都有其特定的质、量、价。工程成本不可能无限小。成本的节约空间是有限的，在有限的节约空间里，必须发扬节约每一个铜板的精神，否则我们将一无所获。节约犹如针挑土，浪费犹如水冲沙，这是成本管理的真实写照。

工程的预算成本是综合考虑了当时的社会施工技术水平、成本管理水平和各种风险的基础上制定的，它由工程技术成本、施工过程的合理损耗、各种环境风险成本组成，是一种社会平均成本，具有相对稳定的特点。企业技术创新、管理创新、制度创新，都可以成为成本节约的有用工具。预算成本和技术成本之间的差距是很大的，只要我们努力挖潜，降低工程成本的工作大有可为。在我局成本管理取得很大成效的单位，企业领导都深深认识到企业成本管理的巨大潜力。

施工企业建筑产品生产受地质状况、自然条件、社会环境的影响比较大，施工顺序、各种生产要素在特定时间和空间的配置都要依赖企业施工组织活动，影响成本的因素很多，工程成本流失的风险也很大。成本流失是没有天然堤防的，如果我们对外在的环境影响束手无策，现场施工管理混乱，企业人、财、物的管理缺乏监督约束机制，各种损失浪费就会像洪水猛兽一样吞噬企业的利润。因此，对于企业成本管理工作必须全体动员、死保死守，确保节约，任何松懈麻痹，都有可能导致严重损失。

五、树立项目经理是企业成本管理代理人的观点，坚决杜绝"以包代管"和"以包抗管"

项目经理的定位问题是处理企业和项目关系的一个核心问题。

根据代理人学说，代理人就是为了获得个人利益而给别人办事的人。代理关系是一种契约关系。项目经理是企业委派的成本管理代理人，全面负责项目的施工生产和成本管理活动。企业和项目的关系是委托和被委托的关系，项目经理作为代理人就应该"受人之托，忠人之事"，企业作为委托方也应该"积极扶持，论功付酬"。成功的代理是委托方和被委托方共同努力的结果，要全面实现企业的经济技术目标，要靠企业管理层和项目班子的共同努力。

确立项目经理是企业成本管理的代理人，企业领导和各职能部门就必须支持项目经理依约行使管理权力，同时也要坚决制止项目经理和项目成员以包抗管，违章办事，损害企业利益。

六、树立作业成本的观点，实施全员成本管理和全过程的成本管理

企业的产品是通过一系列的作业完成的，作业消耗费用积聚成产品成本。

作业可以分为有效的作业和无效的作业，其中有效的作业增加产品的价值，会得到社会的认可。对企业来讲无效的作业消耗的费用，就是损失浪费。作业遍及生产活动的全过程，涉及管理层和作业层的每一个人，因此企业的成本管理工作必须实施全员的、全过程的管理。

实施全员的、全过程的成本管理：一是要优化施工组织设计，做好事前成本控制；二是加强计划管理，合理组织施工生产，充分利用现场资源；三是强化成本责任制，全面推行各种承包形式和管理责任合同，分解成本责任；

四是搞好现场文明管理，防止损失浪费；五是加强经济核算，搞好成本责任的计量考核工作。

七、树立施工组织设计的节约是最有效的节约，质量损失是最大的损失的观点

切实做好施工组织设计环节的成本控制和施工阶段的质量成本控制，抓住关键，立竿见影。企业的施工组织设计决定了建筑产品的成本水平。要节约，靠设计；超常的节约，要靠超常的设计。

企业的施工阶段的成本管理活动，主要是防止各种损失浪费，它无力从根本上改变设计所形成的成本水平。施工阶段会发生各种各样的损失和浪费，在各种损失和浪费中，质量损失是最大的损失。小的质量问题，造成小的损失；大的质量问题，造成大的损失；严重的质量问题，造成严重的损失。试想质量问题成堆的地方，还会有成本节约吗？酿成大的质量事故，并不需要做什么惊天动地的事，有时只是一个小的工作失误，就能酿成大的质量事故，这和"千里之堤，毁于蚁穴"是一个道理。

因此，从施工组织设计到材料、设备的试验和检验，从现场的施工组织计划、质量技术监督以及作业培训教育都必须认认真真，不得有半点马虎。

八、树立实物管理和价值管理必须相结合，资金消耗和资金占用的管理必须相结合的观点，克服重价值轻实物，重消耗轻占用的思想

有人说现在对项目实行周转工具、用具的租赁制度，周转工具、用具丢失损坏由项目赔是实物消耗和价值消耗的统一，是量和价的统一。撇开实物

管理，价值管理就失去了具体的工作对象。就价值论价值，那不是钻到"钱眼"里去了吗？那还会有什么好兆头呢。通常实物的价格取决于市场，价格的超支由物资采购部门负责；实物消耗的数量应根据设计、技术、质量、工长及作业班组各自的职责范围和发生超耗的原因具体分析，确定超耗的责任。只要量和价都管好了，成本也就控制住了。在施工企业，生产设备，周转工具、用具，实物消耗和价值消耗是分离的，似乎以前的实物管理制度可以不要了。他没想到总归是羊毛出在羊身上，项目的成本加大了，企业的利润也就被吃掉了。因此，企业无论以何种形式配置内部生产要素，如何确认经济责任，都必须加强实物管理。成本消耗要管，资金占用要不要管？只要简单地谈两点就可以回答这个问题。第一点：现在施工企业工程款被拖欠现象非常严重，严重制约着建筑企业的发展；建筑企业的竞争，过去表现为技术的竞争，现在企业的资金状况和融资能力已经成为竞争成败的决定性筹码之一。第二点：不管资金占用大量添置设备、工具、用具，大量储备材料物资，只投入，不管回收，必然会导致设备的闲置，材料的变质、浪费，增加工程款呆账、坏账的风险，同时加大财务费用，企业的效益会悄悄流失。基于以上两点，我们可以说资金的不当占用就是浪费。

九、树立成本控制和成本补偿是一个问题的两个方面的观点，高度重视工程结算和回收工程款

成本是为获利而消耗的，成本的本质要求成本必须首先得到补偿。只有成本得到了足额补偿，企业的简单再生产才能维持，企业的利润才是真实可靠的。

建筑产品和工业产品成本补偿有着明显的差别。工业产品通过产品销

售实现成本补偿，实行的是明码标价，产权转移，钱货两清；建筑产品成本则通过工程结算获得补偿，其特点是产权不动，价格不确定，边施工边结算，竣工后办理工程总决算，没有销售过程，因此建筑产品成本补偿大有文章可做。

建筑行业中流行的"低价中标，高价索赔"，可见一个"算"字了得；"苦干巧干，算不回白干"，足以说明"算"的重要性，光有"数"还不行，还得有钱，这道理大家都明白。

十、树立成本核算是对项目成本管理业绩评价的基本手段的观点，高度重视成本核算工作

评价项目成本管理业绩要用成本降低额和成本降低率等具体数据来说话，这些数据只有通过成本核算来获得。

项目成本核算，包括预算成本计算、计划成本编制和实际成本核算，三者构成顺向递减的成本目标保证体系。预算成本是一种社会平均成本，是可以获得社会承认并给予补偿的成本支出；计划成本是企业先进平均成本，是企业成本管理水平高低的重要标志；实际成本是项目的个别成本而呈现差异性。成本管理要求就是以预算成本为基础，用计划成本控制实际成本，从而保证成本降低目标的实现。

企业是利润中心，项目是成本中心。二者存在包容关系，企业层次的项目核算任务是先算后包。先算后包是指在工程开工前，企业要先计算工程的总预算成本、编制工程总计划成本，确定计划成本降低额和降低率，在此基础上确定项目承包基数和成本降低率指标，然后核定项目的奖金总额，确定项目的提成比率。通过比率的不同来平衡工程环境形成的差异，项目在相同

的起点上承包。由于项目有自己的独立利益，可能会通过操纵收入和成本核算来扭曲实际状况获得不当利益，使公司的利益受到损害。因此企业管理层必须制定成本核算办法来规范项目的成本核算工作，要经常监督、检查项目执行成本核算制度的情况，分析、审核项目成本核算的结果。

项目层次的成本核算任务是编制期间／节点成本计划，核算期间／节点实际成本，分析成本升降原因，提出改进成本控制意见，实现成本节约目标。项目竣工后，项目要进行竣工成本决算制度，确定项目的总成本降低额和总成本降低率，并进行项目成本工作的总结和项目内部成本管理责任的考核，做到有始有终。

目前，项目成本核算问题的根子在企业层次。许多地方都不是先算后包，而是不管工程对象特点、施工环境好坏、市场风险大小和合同条件优劣，简单确定承包系数和成本降低指标包了了事。项目上依法炮制，也不是先算后干，而是干了了事。省了事前功，事后说不清。事实上，开工前企业组织编制工程总成本计划，好处是很多的。一是包在明处，项目经理心服口服，有利于合同能够顺利执行。二是让项目经理事前心中有数，事中控制才能得心应手。三是能借编制计划的过程贯彻管理层的意图，有利于实现管理层的目标。

第九节　关于联营项目风险管理的思考

随着建筑市场的进一步发展，在建筑市场上，出现了以我方名义签约，由我方与联营方共同组成项目管理团队，以联营方为主组织施工的新型项目组织形式。我司在近几年的管理实践中有不少成功的案例，现总结归纳成文，与大家共同分享。

一、联营项目的含义及分类

这里联营项目特指：以我方名义签约，由我方与联营方共同组成项目管理团队，以联营方为主组织施工，按照我方的项目管理制度实施项目管理，我方获得相对固定比例的利润分成的项目。

联营项目按照项目承接的主体不同，可分为两类：一类是以我方为主体承接，我方派主要岗位管理人员进行施工全过程监控，联营方按我方的要求具体组织施工；二类是由联营方为主体承接，并由联营方为主组织施工，我方派部分主要管理人员参与管理。

二、联营项目形成的原因

联营工程形成的原因有以下四种：

1. 我方承包的工程，因资源不够和成本太高转包、分包给不具备资格的单位和个人形成联营。

2. 我方承包的工程，因外界干扰分包给不具备资格的单位和个人形成联营。

3. 分包方因不具备资格挂靠我方承包工程形成联营。

4. 分包单位因竞争力不够以我公司的名义承揽工程形成联营。

三、联营项目风险

联营项目的风险有四类：经营风险、合同风险、管理风险和履约风险。

1. 经营风险是指因违反《建筑法》、从事《建筑法》所禁止的工程承包活动和工程分包活动导致被追究法律责任的风险。

2. 合同风险是指因违反施工合同约定分包工程导致合同无效的风险。

3. 管理风险是指联营工程承包和工程分包导致企业正常项目管理体系失效，使管理工作达不到企业管理的要求。

4. 履约风险是指分包方满足特定工程合同所需的施工资源、资信、经验和管理能力的欠缺，导致履约过程和结果达不到预期效果。

上述四种风险，经营风险和合同风险在实践中一般是由重大事故和投诉引发的，作为企业一般先从形式上进行规避。但管理风险和履约风险需要进行事实上的控制，是风险防范的重点。但企业一般不会公开出台联营项目的管理体系。这样，项目管理人员还得按老办法去做，但是在实践中往往是做不了、做不好，项目管理人员心里特别委屈。实际履约过程当中，不如意的事比较多。因此项目管理人员普遍要求企业选好队伍，提出"队伍选得好，工程就成功了一半"。

四、项目管理体系失效

项目管理体系失效对项目施工管理活动造成重大影响，有以下几个方面：

1. 不能通过正常的招投标选择分包商，导致分包商招投标管理制度失效。此外对分包商的管理制度是以合格分包商为前提的，如果分包商不是合格的分包商就会导致分包方管理制度失效。

2. 如果工程承包合同违法或者工程分包合同违法，企业一般不会通过诉讼方式保护自身的利益，这样合同便不具有法律的终极价值，企业不能通过合同方式转嫁合同内的风险，从而导致项目分包合同失效。

3. 通常项目质量、安全和文明施工等措施项目都是以主体结构施工为依托，但由于联营项目主体结构施工是分包单位施工，"质量""安全""环境"三个管理体系失效。

4. 通常项目施工计划所需要的资源来自公司拥有和掌控的确定性资源，但联营项目资源全部来自分包，项目计划从直接实施转为分包实施，导致项目施工计划管理失效。

5. 通常项目的目标责任体系是建立在自有管理人员组建的项目班子基础上，但联营项目的多数管理人员是分包的员工，因为分包商的目标和管理要求与公司不同，导致项目目标责任体系失效。

上述问题影响了项目责任目标的传递、施工计划的落实和管理体系的执行，企业派出的管理人员对此反映较多。

五、联营项目管理对策

（一）经营阶段的对策

1. 不能招投标选择分包商，就要优选合作方。经营的合作方就是未来的分包商，要把对分包商的资源、资信、业绩和管理能力考查提前到经营阶段去做。要严格评审和考查，慎重选择，学会放弃，以绝后患。施工阶段企业因为各种情况接受的分包商，也要严格评审，量能而用，按照多大能耐给多大活，做到有礼有节有度，特别要预防"中介转施工"和"小包揽大活"。

2. 工程造价一定要有合适的利润空间。分包的成本风险，在一定条件下会转化成企业的管理风险和履约风险。通常情况下，分包商对工程利润是有一个期望值的，如果利润太薄，分包商一般都会在成本和投入上做文章，造成工程质量、进度、安全和文明施工等诸多方面的问题；如果发生亏损，很可能就会一走了之。

3. 合同付款要保持一个合理的比率。分包商并不会像我们想象的那么有实力，更不会像我们想象的那样愿意把自己的存款拿出来用于工程。所以，分包方资金不足的时候，一般会采取拖欠很多货款、劳务款和向公司借款来解决资金周转问题，造成风险回转。

4. 工程工期、质量要适合。不求绝对做得到，但要估计做得到，避免搬起石头砸了自己的脚。

5. 分包合同要做到"利益无争议，权责两清晰，退出有机制"。有话说在前头，写在纸上，尽量减少施工阶段的利益之争。施工阶段如果能够"去利而谋事"，对项目的各项工作是大有好处的。

（二）施工阶段的对策

施工阶段采用"割、补、合"三策。

1. 割。质量、安全、文明施工的预算投入要从造价中分割出来，单独控制支付。

2. 补。即资源互补。我们要把企业现有的管理资源发挥好，对分包方职责范围内做不了、做不好的事，项目要主动予以协助，企业要主动给予支持，在分清利益的前提下，不做旁观者，只做有心人。鼓励项目能人替分包做事和分包用我们的职工做事，实现合作共事、互惠双赢，共同把项目的事办好。

3. 合。指目标合、体制合、制度合、执行合、文化合。

（1）要建立项目责任目标的协商机制，实现目标合。管理目标不是定得越高越好，要切合实际，只要不妨碍合同履约和损害企业形象就行，要为分包盈利着想。

（2）要建立明确的项目运行体制，实现体制合。在坚持总分包合同关系的前提下，实行具体的职能分工，将双方的管理人员整合成一个完整的项目班子。要明确总包目标统筹权、计划安排权、制度执行权、检查考核权、资金控制权，实行决策协商、执行统一的运行体制。

（3）要制定切实可行的对联营工程分包的管理制度，实现制度合。既不能像自营项目管得那么细，也不能像正常分包放得那么开。要与分包商的管理能力和管理习惯相匹配，对文字工作的要求要少一些，再少一些。不要刻意用企业的"制度管人"取代分包的"人管人"，不要刻意要求用资料体现管理。对影响工程质量、工期、进度、文明施工的关键性活动要进行管理渗透，如：参与材料质量验收，参与进场设备的安全验收，指导和督促工程资料收集整理，监督分包资金的使用和劳务人员工资的发放。

（4）牢牢把握项目履约的主导权，做好自己的事，服务好分包的事，实现执行合。企业派驻项目的管理人员主要做好现场平面规划、搞好CI策划、编制施工计划、审核施工方案、监督和检查工程质量、安全和文明施工、加强资料管理、配合工程验收。与此同时，要建立对分包方的服务机制，主要是进行技术指导，组织施工计划的协调，检查施工资料收集整理，招募管理人员和劳务队伍，协助办理结算、纳税、收款和施工手续等工作，特别是重大工程质量事故、安全事故的处理，企业要全力以赴。

（5）要建立项目统一的文化，实现文化合。企业管理人员和分包商的员工都要在项目上找到自己的精神家园。做到你的目标、我的目标都是项目的目标，共同努力实现所有目标；你的人、我的人都是项目的人，按项目管理要求用好人；你的制度、我的制度，都要遵守项目的制度；你的工作、我的工作，都要围绕工期、质量、安全、文明施工、结算、收款这些核心目标开展工作。

（三）良性循环的对策

1. 对于履约无望的分包方要果断实行退场、退活。分包方通常都有超越极限的冲动，这是完全可以理解的。分包方反组合我们的资源，从来都是创业者的一种很重要的策略。不管怎样，工程要做得好，管理上要过得去，不能有大问题。一些基本的尺度是必要的，对不听、不做、做不了又帮扶无望的分包方，不能任其发展，要果断实行退场、退活。

2. 对于正常退场的分包商，由企业组织项目参与对分包方进行实力和信用评价，重新认定分包方资格，让好的队伍留下来，把坏的队伍清除掉。该降格的要降格，该升格的要升格，使合作方的管理出现良性循环的好局面。

第十节　一篇总包管理的作业指导书

一、总包管理的组织架构和组织关系

××是总包管理单位。今天来开会的各参战的施工单位，都是总包管理体系中的一员。在座的各方，不是今天才进入这个体系的。我们的体系构成是在招标文件中就已经明确了的，这一点各公司参加投标时就已经清楚了。你们中了标，就正式进入了这个体系。

总包管理是从工程开工时就存在的。在施工初期，主要是工程主体施工，少量地穿插了如安装、装饰的预埋、预留业务。总包单位本身负责主体的施工。这个时候，我们对主体施工管得很多，对总包管理工作管得很少。现在，主体绝大部分的工作量都完成了，剩下少量的活还没有完成，大量的专业分包队伍已经进场了，他们要工作面、要办公、要住宿、要进行穿插作业。一句话，工程已经进入了总包管理阶段。总包单位必须将工作重点从主体施工转移到总包管理上来。

过去大家有事找我们，但现在不同了。我们是请了总包单位的，当然要发挥总包单位的作用。

今天，我把项目的组织体系给大家讲清楚，便于大家开展工作。

今后，在工程施工管理方面，我们只做监督、检查评比和工程计量的审查工作。除了合同变更和设计变更找我们外，工程上需要协调解决的问题找总包单位；总包解决不了的，由监理单位裁决。总包单位应该做什么，监理单位应该做什么，合同中有约定，就按合同办。

二、总包管理、总包权力和总包管理制度

总包的管理内容，合同中有，大家去看。我这里强调四点：

1. 施工进度计划管理。这个工程使用时间是封死后门的，工程工期只能倒排。工作计划要细化，不仅要编制各专业的工程量计划、形象进度计划，还要编制分部分项工程的作业计划，新技术新工艺的实施计划。专业分包之间工作面的交接、工序搭接，要事先安排好。现代建筑已经不是我们传统意义上的建筑，许多新技术、新工艺、新材料都用在建筑工程上，管理非常复杂，"老同志经常遇到新问题"。我希望什么事大家要事先想好，真正做到按计划施工。为了保证计划的执行，当然要授予总包管理权力。总包单位在计划管理上有编制、监督和调整的权力，任何单位都必须执行批准的计划。

2. 施工平面和施工现场管理。施工平面和施工现场我们授予总包单位全权管理和全权处置，简单说就是总包单位有平面的管辖权。总包成立了一个执法队，各单位要服从管理。现场秩序要用铁的纪律来保证。任何单位都不得强占、乱弄，甚至对抗总包单位的管理。发生对抗的，我们以破坏施工论处。各施工单位要使用平面和动用平面，找总包单位安排和调整。中间难免出现分歧，出现摩擦，大家要多沟通，不准诉诸武力。谁动手，谁反抗，是一定要吃亏的。

3. 工程资料管理。这个工程是要创鲁班奖的，各项工程资料必须平时做，日积月累。你们都是优秀的施工单位，不要使用包工队的那种低劣的手法"写

回忆录"，谁要是这样搞，总包单位发现后一定要严厉处罚。结算我们也改变做法，只要资料符合要求，监理单位就必须接受；符合验收条件的，就可以办理中间验收；变更签证部分，只要做了有资料就办结算。完工后办结算问题很多，资料不齐，说不清楚，查起来困难，办结算的时间往往拖得比施工时间还长。从现在起，我们平时就结算清楚，工程一完，资料就收齐，结算就办完。这一点提醒大家要特别注意。

4. 总包管理制度。我们这个工程是靠制度管理，而不是靠哪个人管理。总包单位已经起草了"总包管理办法"。我们很快就会审定这个办法。制度一旦审定、颁发，就要严格执行。总包单位有奖罚权。只要事实清楚，符合总包管理制度，我们都支持。除此以外，总包单位对我们每半个月的的检查评比结果还有否决权。

三、会后大家要抓的几项工作

1. 总包单位和各专业单位要马上拿出组织的结构图。各单位要找到自己的上一级联系人。工作人员要搞清楚什么工作应该找谁。

2. 要细化施工计划。从大的方面讲，就是要抓重点、难点、关键点。从小的方面讲就是要 "抓作业面交接、抓工序搭接"；对新工艺、新技术，就是要抓关键监控点。

3. 总包管理要落到实处。我们支付总包管理费是按实际计量的。合同中要配备的管理人员要到位，不到位的要按比例扣减总包管理费。管理要达到三点要求：有管理（指有必须的机构和人员以及相关的管理工作）、管理了（是实际开展了管理活动）、体现管理（指管理活动要有记录）。

对总包单位也是要考核的，工作没有做，没做好，没有资料是要扣总包管理费的。

4. 要加强沟通。我们的体系是一个有机网络，不是一个金字塔的结构。大家把我当领导，但我要给大家讲清楚，我不是来当领导的。我在这个行业里做了几十年的事，现在还是来做事的。有什么问题，要尽早暴露，暴露得越早越好；暴露晚了，就会越来越被动。如果你们找不到专家，我们可以帮助你们。我们有很多协会，有很多院校，这方面我们有资源。你们不要总跟我说"你放心，我们一定能完成"，结果是节节败退，这样我能放心吗？

最后，我要告诉大家的是——我们的理念，就是"工程第一"的理念。评价每个单位、每个人的工作好坏，就是要看是否对工程有利。各单位在工作中要注意相互配合，要经常沟通。让一步，总是会得到更大的回报。我相信，大家相互配合，把工程搞上去，无论是个人还是你们所在的单位一定会得到更大的好处。相互扯皮，工程搞不上去，对所有的人和单位都是没有好处的。这一点，大家一定要牢记。

第十一节　关于片区单位财务管理的调查报告

本次被调查的单位有三个局二级单位、三个分公司、三个经理部。调查的主要任务是了解片区单位改制上市账务落实情况，了解全面预算、经济活动分析、项目承包工作的开展情况，了解财务计划、费用控制、财务监督、财务管理体制方面的情况。

本次调查有五点体会：

1. 涉及改制的账务落实了，会计核算独立了，会计事项分清了。但改制工作仍然处于过渡期，诸如改制前形成的债权、债务的转移、原企业的工商登记注销工作等事项并没有彻底完成，现在问题集中在收款、付款、开票、纳税、报表、银行信贷等会计业务上。我认为目前是一个过渡时期，许多问题是避免不了的，在会计核算方面关键是单位内部对改制后形成的业务一定要按新要求运作，老业务不管实际怎么应付，会计业务流程一定要确定，核算一定要清楚，不要把账搞乱了。××公司的税收问题，对改制前和过渡期间的税收问题，先按不重复纳税的原则处理。但最好公司之间签订总分包合同，搞代扣代缴发票，避免重复纳税。

2. 财务负责人的管理体制变了，观点变了，压力增加了。现在大多数财务负责人都是委派的或者竞聘上岗的。这些负责人参与管理深入了，提管理建议多了，工作主动多了。我认为这与工程局推行会计负责人或者总会计师委派制，推动全面预算管理、经济活动分析、费用预算管理和项目成本管理等重大财务管理活动有直接关系。财务负责人还是希望对企业对领导负责的，但对"财务工作怎样才能得到领导重视"这个问题感到很困惑，比如全面预算辛辛苦苦地编出来了，也没有见到在企业管理中发挥啥作用；经济活动分析搞了，也没有见到有啥变化；项目成本算了，也没有真真考核兑现，感到自己的工作没有什么价值，觉得领导不重视自己的工作。为此，我问一位财务负责人，我说你做了这些年的财务负责人，你认为怎样才能得到领导重视，他说：一是能提出问题，并能拿出解决问题的方案；二是，少一点私心。当然，一个单位各项工作主要看行政一把手。我觉得这话有道理。我想，如果一名财务负责人真能做到这两点，不论什么性质的领导都不能忽视你。

3. 全面预算、经济活动分析、资金计划管理和项目承包核算开展起来了，但不同单位效果不一样。像××公司资金计划管理、经济活动分析、项目成本管理、管理费用控制都是长期坚持并不断完善的，很多东西都制度化了、程序化了和体系化了，实行得比较好，效果比较好，领导和干部认同管理的价值。但大多数单位，还达不到这个要求，通常是做了一半丢了另一半，结果做的那一半好坏无法评价，价值无法实现，逐渐演变成了形式主义，劳民伤财。其实有些单位生产经营搞得是不错的，为什么效益上不去，其主要问题还是管理上不去。因此善于打经营生产硬仗的领导人，要保住经营生产的成果，还要善于搞管理。搞管理当然要抓住财务管理这个中心，抓住资金管理这个核心，抓住资金流量这个轴心。

4. 一个单位财务部门的工作水平很大程度上取决于本企业的综合管理水平和上级的专业管理水平以及专业垂直管理的力度，一个单位财务人员的素质很大程度上取决于一个单位的财务管理水平。得出这个结论并不难，这一点我不多说。这方面给我四点启示：一是专业管理要有一定的规模，要有集中度，小单位的财务管理跟大单位相比，明显处于劣势。二是局要有主流的财务制度，以此影响大单位的财务制度建设。现在各公司都有自己的手册，局要想统一制度是不可能的，但局可以建设主流的财务制度影响它们。三是财务管理要抓财务管理对象，而不是抓财务部门。现在说到财务管理就找财务部门，其实许多财务事项的办理过程，财务部门都不在其中，它只是一个监督者和反映者，造成的结果它无法控制，所以抓财务部门没有用。只有财务事项才是财务管理的真正对象，才是财务管理的"牛鼻子"。四是财务系统的垂直管理，是企业财务管理的根本保障。××公司财务系统的垂直管理力度一直比较大，相比之下，它在发展过程中，出的乱子要少、要小。

5. 综合财务工作要靠一把手亲自抓。《总会计师条例》第五条"总会计师组织领导本单位的财务管理、成本管理、预算管理、会计核算和会计监督等方面的工作"，基层是不设置总会计师的，财务部门是一个执行部门，是没有组织领导职权的，因此组织领导工作就自然落到行政一把手的头上，而实际情况是行政领导把这些工作推给了部门财务负责人，实质上是组织领导到不了位。广州一公司的财务管理和其他单位相比，实际上存在本质的差别，那就是财务管理是领导要搞，而不是财务部门在搞，这就是许多财务工作别人做不到，他能做到的原因。我们可能要问是不是设置了总会计师的单位，总会计师就能组织领导本单位的财务工作了呢？《总会计师条例》第六条第二款让我明白了一些道理。《总会计师条例》第六条第二款写道"单位主要行政领导人应当支持并保障总会计师依法行使职权"。总会计师能不能组织和领导本单位的财务工作，那就要依单位主要行政领导人支持并保障总会计师依法行使职权的情况而定了。

财务审计工作思考

通过调查，我觉得企业应当将重大的财务管理原则上升为纪律，用纪律管领导；财务事项程序要制度化，用程序管干部；要加强审计和纪检监督，保障纪律和制度的执行。政治思想工作要把领导干部遵不遵守财务纪律，按不按程序办事作为检验领导干部政治素质的重要标准之一。

第十二节　一种解释管理现象的函数

对现代企业而言管理与业绩相关已经是常识。为了解释审计的有用性，本人发现了函数 $F_{(x)}=\alpha\sin\frac{\pi}{2}x$，用它解释管理特性、审计有用性和管理分工效率非常有用。

假定业绩函数为 $F_{(x)}=\alpha\sin\frac{\pi}{2}x$

$F_{(x)}$ 表示业绩，α 表示被审计单位的理论最大业绩，x（$0<x<2$）为被审计单位管理能力满足系数。（当 x 大于 2 时，函数值为负值，已经没有经济意义）。

1. 当 $x=1$，$F_{(x)}=\alpha$ 为最大业绩值。（结论 1）

2. 当 $x<1$，令 $k+x=1$，则 k 为缺陷系数。

缺陷损失 $F_{(k)}=\alpha\sin\frac{\pi}{2}(1-x)=\alpha\cos\frac{\pi}{2}x$，

修复后 $F_{(x)}+F_{(k)}>\sqrt{F^2_{(x)}+F^2_{(k)}}=\alpha$，

故 $F_{(x)}+F_{(k)}>\alpha$　（结论 2）

3. 当 $1<x<2$，令 $x-k=1$，则 k 为机会系数。

机会损失 $F_{(k)}=\alpha\sin\frac{\pi}{2}(x-1)=-\alpha\cos\frac{\pi}{2}x$，

同上，$F_{(x)}+F_{(k)}>\alpha$　（结论 3）

函数表明：

1. 管理能力系数是影响公司业绩的直接因素，个人能力要放在能力系数和对业绩产生的影响中来考察。

2. 根据结论1，过剩的管理能力并不能增加公司业绩，还会降低公司业绩。

3. 根据结论2，公司管理能力缺陷，可以通过修复（如审计）的办法达到最大业绩，并且可以比管理能力一次满足更节约。因为 $F_{(x)}+F_{(k)} > α$ 。

4. 根据结论3，过剩的管理能力可以作为机会损失来管理，通过切割管理单元可以支撑公司业绩增长。

下面是业绩函数 $F_{(x)}=α\sin\frac{π}{2}x = (x < 1)$ 的图形，通过它能够观察到更多的管理现象。

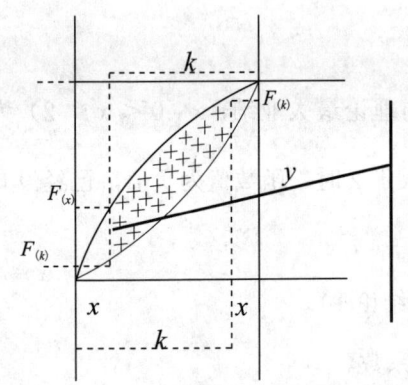

本图是将 $F_{(x)}$ 图形和 $F_{(x)}$ 图形旋转后叠加后形成的。

$F_{(k)}-F_{(x)}$ 为将被审计单位管理能力系数恢复到1出现的业绩剩余。

此函数可以解释：

1. 管理是必不可少的，但作用是有限的。
2. 在业务局限性中，过剩的管理投入是资源浪费。
3. 管理存在裂变效应。如果将管理团队切分，可以支撑更大的业绩。
4. 管理边际业绩是递减的。现在增加一份管理能力增加的业绩总是低于前面增加的一份管理能力增加的业绩。

第十三节　财务工作相关表格

公司财务工作职责分配表

总经理：		
总会计师：		
财务部：		
财务部角色：业务承办（办）、会计监督（监）、会计核算（算）、全面预算管理（管）		
要　素	业务部门	财务部角色
整体		算　管
资产类		
货币资金		办
存货	物资部	监
应收账款	商务部/市场部	监
固定资产	办公室	监
应付账款	采购部/商务部/办公室/员工	监
应付职工薪酬	人力资源部	监
应交税金		办
权益		办
成本类		
材料采购成本	采购部	监
分包成本	商务部	监
施工成本	项目部	监
利润类		
建造合同利润	商务部	监
管理费用		管
财务费用		管
利润		算
利润分配		办
非经营类		
筹资		办
或有负债	法务部	监

财务部年度业务事项表

序号	业务名称	办理周期	周期指向
一、承办类			
01	收款业务	笔	随时收款
02	付款业务	周	按周付款
03	税收业务	月	按月申报
04	贷款业务	笔	按笔管理
05	利润分配业务	年	按年分配
06	国有产权登记业务	年	按年登记
二、管理类			
01	全面预算管理	季	按季预警
02	管理费用管理	月	按月预警
03	现金流量管理	月	按月计划
三、核算类			
01	会计核算	月	按月结账报告
四、监督类			
01	单据复核	笔	每笔必核
02	账务核对	半年	半年一次账账核对
03	财产清查	半年	半年一次账实核对
五、其他类			
01	汇总／合并报表	季	财务报表季报
02	综合统计	月	综合统计月报
03	清欠管理	季	清欠管理季报
六、内业类			
01	会计档案整理移交	年	一年一次
02	会计培训	次	按次安排
03	合同登记保管	每份	逐份登记
04	工作移交管理	次	移交时进行

财务部年度目标管理任务

顺序	任务名称	核心工作
P		
01	召开年度工作会	上年总结和当年部署
02	确认年度财务工作责任指标	落实上级和本级指标
D		
01	签订二级机构财务负责人目标责任书	分解财务责任指标
02	签订部门年度目标责任书	落实指标
03	签订个人目标责任书	落实工作责任
04	编制月度工作计划	落实月指标和工作事项
C		
01	月计划完成情况分析	检查部门工作
02	季度财务例会	检查二级财务机构工作
03	上半年经济活动分析	检查预算完成情况
04	编制次年全面预算	检查1—9预算执行、预计1—12完成、安排次年预算
A		
01	对部门员工月度计划考核	考核打分
02	对部门员工年度考核	考核打分
03	对部门季度考核	考核打分
04	对部门年度考核	考核打分
05	对二级机构专项考核	考核打分
06	对二级机构综合检查考核	考核打分
07	对二级机构年度考核	考核打分和综合计分

财务部 月工作计划（2013 年）

顺序	工作事项	分值	责任人	督办

财务部 月工作计划完成情况（2013 年）

顺序	工作事项	分值	完成（%）	得分

财务部 2013 年季度考核计分表

考核对象：

顺序	考核项目	标准分	实际得分	扣分原因
01	季度资金考核			
	考核小计			
02	季度报表考核			
	考核小计			
03	季度清欠考核			
	考核小计			

财务部 2013 年度考核计分表

考核对象：

顺序	考核项目	考核得分	权重（%）	考核计分
01	年度绩效考核		70	
02	年度综合检查		10	
03	季度资金考核平均分 ①＋②＋③＋④		4	
04	季度报表考核平均分 ①＋②＋③＋④		4	
05	季度清欠考核平均分 ①＋②＋③＋④		2	
06	月度计划考核平均分 ①＋②＋③＋④……＋⑪＋⑫		10	
	计分之和		100	

会计核算指南（手工帐）

业务过程	业务内容	业务要求
一、建立会计账簿	1. 准备总账、日记账、明细账账册 2. 填写启用表和贴花 3. 设置账户 4. 过入账户期初余额	
二、制单			
1. 货币收支	1. 销售单据受理、审核、传递、制单和收款 2. 采购单据受理、审核、传递、制单和付款 3. 费用单据受理、审核、传递、制单和付款 4. 工资表受理、制单和付款	1. 收款业务： 周一整理周收款明细表及附件 周三制单 2. 付款业务： 周二受理初审 周三复核批准 周四制单 周五支付 3. 发票审核真假 / 抬头 / 日期 / 摘要 / 数量 / 单价 / 金额 / 大写 / 印章
2. 成本计算	1. 应付职工薪酬分配并制单 2. 物资消耗报表受理、审核并制单 3. 固定资产折旧、周转材料摊销、低值易耗品摊销计提并制单。 4. 间接费用分配并制单 5. 计算完工产品成本并制单	
3. 盘点 / 对账 / 财产清查	1. 现金、物资盘盈、盘亏处理和制单 2. 银行往来对账，关联交易对账，债权债务核对差异处理和制单 3. 挂账清理和制单	
4. 资产期末计价	计提减值准备和制单	
5. 利润计算	1. 计提利息并制单 2. 计算销售产品收入、成本、税金并制单 3. 计算公司利润并制单	收入、成本期间每月上月20日至本月20日，资产和费用1日至月末。
6. 利润分配	根据公司利润分配方案分配利润并制单	
三、记账	1. 根据科目汇总表登记总账 2. 根据记账凭证登记日记账和明细账	周五下班前记账
四、结账	1. 日记账结出日余额、本日合计、本月合计、本年合计；2. 明细账结出月末余额、本月合计、本年合计；3. 总账结出月末余额、本月合计、本年合计	

续表

业务过程	业务内容	业务要求
五、编制财务报告	1. 报告封面；2. 财务情况说明书；3. 会计报表；4. 会计报表附注	
六、会计档案整理/移交	1. 凭证、账簿、财务报告整理、装订、封面填写、背脊标签填写 2. 档案装盒和盒面资料填写 3. 档案移交	凭证、财务报告次月20日前，年报、账簿次年4月20日前装订。

全面预算编制指南（基于业务预算）

预算项目	预算内容	执行部门
一、预算编制表格和参数		
1. 预算编制表格	1. 综合预算表 2. 业务预算表	财务部
2. 预算参数汇总表	1. 资产负债表项目有关的参数 2. 利润表项目有关的参数 3. 现金流量表项目有关的参数	财务部
3. 预算指标关联公式	1. 资产负债表项目关联公式 2. 利润表项目关联公式 3. 现金流量表项目关联公式	财务部
二、综合预算	1. 综合预算指标汇总表 2. 资产负债表预算 3. 利润表预算 4. 现金流量表预算	财务部
三、业务预算		
（一）公司/集团业务预算		
1. 经营及经营费用预算	1. 年初中标未签约项目 2. 年内计划签约金额 3. 年经营费用预算	市场部
2. 管理费用预算	1. 职工薪酬预算 2. 三公经费预算 3. 其他费用预算	财务部
3. 投资预算	1. 投资空间预算；2. 投资预算（固定资产投资预算/对外投资预算/业务投资预算）	投资部

续表

预算项目	预算内容	执行部门
4.筹资及筹资费用预算	1.筹资需求预算；2.筹资变动预算（年初结转带息负债／新增带息负债／减少带息负债／期末带息负债余额）；3.筹资费用预算	财务部
（二）施工项目预算	范围细分：竣工项目／在建项目／新开工项目 时间细分：细化到月	
1.项目施工形象进度安排		工程部
2.项目完成工作量预算	1.预计总工作量（合同额＋变更已确认＋变更未确认）；2.至年初累计；3.本年预计完成／年末结转（＝1-2-3）	商务部
3.项目结算金额和收款金额预算	1.结算金额预算（至年初累计／本年预计／至年末累计）；2.收款金额预算（至年初累计／本年预计／至年末累计）；3.本年收款分析（预付款／中间结算款／竣工付款／结算付款／保修款）	商务部
4.项目施工成本和付款金额预算	1.施工成本预算（至年初累计／本年预计／至年末累计）；2.工程付款预算（至年初累计／本年预计／至年末累计）；3.本年付款分析（材料款／分包工程款／其他）	商务部
（三）项目财务预算		
1.项目合同收入、成本、税金和利润预算	至年初累计／至年末累计／本年预计	商务部
2.项目经营现金及资金使用费预算	1.项目现金预算(年初累计现金余额／本年现金收入／本年现金支出／年末累计现金余额)；2.占用公司资金（年初余额／本年占用／本年归还／年末余，本月结余下月可用于归还，本月超支计算上月占用）；3.本月资金占用费预算（＝月初占用公司资金余额＊占用费月费率）	财务部

项目目标成本管理指南

过程及内容	依据和要求	分工
一、编制项目施工成本预算		
1. 项目合同组价和施工预算对照表 2. 项目施工预算清单	1. 项目合同组价清单 2. 项目施工方案 3. 项目材料和工程分判方案	公司商务部
二、计算目标成本和目标上交利润		
1. 项目预算收入 2. 项目目标成本 3. 项目目标利润 4. 项目预算奖金 5. 项目上交利润	1. 合同收入根据项目合同预算分解而成 2. 目标成本根据项目施工预算分解而成。 3. 项目预算奖金根据项目月均人数、项目月均奖金标准和项目工期月数核定	公司商务部
三、项目月/节点成本控制计划		
1. 项目目标成本分解落实到责任人 2. 项目节约措施和节约额落实到责任人 3. 项目计划成本落实到责任人	1. 月采购成本计划、工程分判成本计划与材料采购计划、工程分判计划同步 2. 月施工成本计划与月施工计划同步 3. 计划落实到具体成本责任人 4. 成本责任人按照谁管业务就管成本原则确定	项目商务部
四、项目成本核算		
1. 项目总成本核算 2. 项目责任成本核算	1. 项目财务成本核算 2. 项目责任成本核算指管理核算,成本核算对象是管理责任人 3. 责任成本核算采用统计核算办法或者辅助核算的办法	公司财务部 (财务成本核算) 项目商务部 (责任成本核算)

续表

过程及内容	依据和要求	分工
五、项目月/节点成本分析		
1. 项目目标成本分析 2. 责任成本分析	1. 目标成本分析是总结陈述计划执行结果 2. 责任成本分析是对责任成本执行结果进行评估 3. 分析是兑现综合奖和单项奖的前提条件	项目商务部
六、项目综合奖和单项奖考核兑现		
1. 项目兑现综合奖 2. 项目兑现单项奖	1. 完成上交利润后才能够兑现综合奖和单项奖 2. 兑奖顺序是技术措施节约奖、单项管理奖、综合奖 3. 单项罚款可以在综合奖中抵扣 4. 奖罚具体到人，奖金发放到个人	项目申报 分公司审批

第二章

内部审计

第一节　审计承担业务系统剩余风险

这一发现意义在于：揭示了审计部门在公司价值体系中的独立独特的价值空间，从而为增值审计提供了理论依据。审计的独立独特的价值空间，既是审计存在发展的依据，也是确定审计范围和审计内容的工作依据。审计部门坚持在独立独特的价值空间内活动，就是种自己的田，不是倒腾业务部门的庄稼，可以做到做事不坏事，有贡献无冲突。

审计目标责任图

公司使命愿景目标
=
业务工作目标
+
审计工作目标

审计承担业务系统剩余风险：设计可以接受的风险、设计缺陷所致的风险和实际运行形成的风险。

第二节　审计的核心逻辑

本节梳理了审计关系、审计部的管理工作、审计产品、审计活动、审计工具，回答审计定位在哪里、审计目标在哪里、审计业务是什么、审计业务怎么做、审计作业的工具有哪些，对审计理论和实践有借鉴意义。

一、审计关系

关系名称	关系管理
1. 审计目标与公司目标的关系	1.根据价值链理论：审计属于监督保障系统，行使监督职能，对公司目标起保障作用 2.审计从问题入手,通过分析问题、界定责任，提出解决问题的意见和建议，促进公司完善治理、改进内控、实现目标 3.审计通过督促整改，实现审计成果转化。审计成果包括整改问题数量、采纳建议的数量、增收节支的金额、完善制度的数量
2. 审计部与董事会的关系	审计部对董事会负责，向董事长报告工作
3. 审计部与经理层的关系	审计部保持与经理层的沟通，接受总经理日常管理
4. 审计部与监督委员会的关系	审计部保持和监督委员会的联系
5. 审计部与风控部门的关系	审计部保持和风控部门的联系，并对其工作进行审计监督
6. 审计部与纪检监察部门的关系	审计部保持和纪检监察部门的联系，审计部对问题和风险，应当把整改放在首位
7. 审计部与同级业务部门的关系	审计部保持和同级业务部门的联系，并对其工作进行审计监督

续表

关系名称	关系管理
8. 审计部与下级机构的关系	审计部门对下级机构进行审计监督
9. 审计部与政府部门的关系	审计部门保持和政府部门的联系，促进企业合法经营，保护企业的合理利益
10. 审计部与内部审计协会的关系	审计部门保持与内部审计协会的联系，参与审计经验交流，促进公司审计质量提升
11. 审计部与上级审计的关系	审计部贯彻落实上级的审计制度，服从上级集中管理，接受上级业务指导
12. 审计部和总审计师的关系	审计部接受总审计师的业务指导和组织协调

二、审计部的管理工作

序号	审计工作内容	责任分配
1	审计机构管理	部门负责人
2	审计人员管理	部门负责人
3	审计集中管理	部门负责人
4	审计工作计划管理	审计计划岗
5	审计培训管理	审计综合岗
6	审计会议管理	审计综合岗
7	审计质量管理	审计质量岗
8	审计整改管理	审计整改岗
9	审计统计管理	审计整改岗
10	审计档案管理	审计综合岗
11	先进评比管理	审计综合岗
12	审计考勤管理	审计综合岗
13	离任审计质量管理	离任审计岗
14	基础设施业务审计质量管理	基础设施业务岗

三、审计产品

产品名称	产品类型	审计目的
内部控制审计（管理审计）	通用产品	查找内控缺陷，改进内控工作，评价内控水平
财务收支审计（信息/资产审计）	通用产品	核实财务收支的合法性、收支控制的合规性、财务信息的真实性，评价财务收支绩效好坏
绩效审计（业务审计）	通用产品	在数据核实和内控检查的基础上，分析绩效好坏的原因，提出总结推广经验和提高绩效的措施
离任审计	通用产品	界定资产责任，评价任期业绩，披露重大风险，检查廉洁自律，指出管理不足，提出改进建议
竣工审计	通用产品	核实兑现指标，评价项目管理，指出项目不足，提出改进建议
专项审计	专用产品	落实专项审计特定要求，促进专项管理，控制化解专项风险

四、审计活动

审计项目活动	批准/审核/组织
项目立项	董事长批准立项报告 总经理/总审计师组织立项报告实施
审计通知	总经理批准审计通知

续表

审计项目活动	批准/审核/组织
审前准备	
审前调研	审计项目负责人组织审前调研
审计方案	审计部负责人批准审计方案
审前准备	审计项目主审负责审前准备
场前交底	审计项目负责人组织审前交底
现场审计	审计项目主审组织现场审计
审计底稿初核	底稿编制后项目主审初核
审计底稿再核	退场前审计小组组长再核
审计底稿终核	初稿起草前审计部质量审核
审计报告阶段	
审计报告（初稿）	审计组长批准审计报告初稿
审计报告（征求意见稿）	总审计师/审计部负责人批准征求意见稿
审计报告（正稿）	董事长/总经理批准审计报告
审计终结阶段	
审计总结	审计组长组织项目总结
督促审计整改	审计项目主审
整理审计档案材料	审计项目主审

五、审计工具

审计内容	目标	工具
一、查证问题		
数据	真实性	数据核实调整表
	完整性	
	准确性	
绩效	目标差距	目标完成情况表
	同比增减	同比增减情况表
	评级优劣	绩效评价表
	排名先后	排名情况表
	对标差距	对标差距情况表
内控控制	适宜性	
	符合性	违法事项对照表 关键控制点对照表
	有效性	
风险事项		重大风险对照表
二、分析原因		
绩效分析		绩效对应表
三、界定责任		
		责任界定表
四、意见建议		
		问题清单
		绩效对策表

第三节　内部审计项目营销理论与实践

内部审计营销是内部审计机构通过适当的沟通方式保持和改善人际关系的活动。和谐审计是内部审计人际关系的根本属性，保持和谐的人际关系是审计营销的长期任务，解决与被审计单位相关人员的对立、冲突是审计营销的重点工作。内部审计营销必须从审计观念分享、审计过程展示、审计结果沟通入手，实施主动营销。

一、内部审计项目营销理论

1. 内部审计"姓内"是内部审计的本质特征，是内部审计项目营销的理论源头。

第 1101 号 —— 内部审计基本准则

第二条　本准则所称内部审计，是一种独立、客观的确认和咨询活动，它通过运用系统、规范的方法，审查和评价组织的业务活动、内部控制和风险管理的适当性和有效性，以促进组织完善治理、增加价值和实现目标。

2. 结果沟通是审计项目质量的重要保障，是内部审计项目营销的核心内容。

第 2105 号内部审计具体准则 —— 结果沟通

第二条　本准则所称结果沟通，是指内部审计机构与被审计单位、组织适当管理层就审计概况、审计依据、审计发现、审计结论、审计意见和审计建议进行的讨论和交流。

第四条　结果沟通的目的，是提高审计结果的客观性、公正性，并取得被审计单位、组织适当管理层的理解和认同。

3. 人际关系是内部审计项目营销的直接对象。改善人际关系是实现和谐审计、拓展审计幸福空间的直接要求。

第 2305 号内部审计具体准则 —— 人际关系

第二条　本准则所称人际关系，是指内部审计人员与组织内外相关机构和人员之间的相互交往与联系。

第四条　内部审计人员在从事内部审计活动中，需要与下列机构和人员建立人际关系：

（一）组织适当管理层和相关人员；

（二）被审计单位和相关人员；

（三）组织内部各职能部门和相关人员；

（四）组织外部相关机构和人员；

（五）内部审计机构中的其他成员。

第五条　内部审计人员应当与组织内外相关机构和人员进行必要的沟通，保持良好的人际关系，以实现下列目的：

（一）在内部审计工作中与相关机构和人员建立相互信任的关系，促进彼此的交流与沟通；

（二）在内部审计工作中取得相关机构和人员的理解和配合，及时获得相关、可靠和充分的信息，提高内部审计效率；

（三）保证内部审计意见得到有效落实，实现内部审计目标。

二、内部审计项目营销实践

1. 审计营销责任主体是审计部门和审计小组负责人。

2. 审计营销内容是针对"争议项"实施针对性营销。

3. 审计营销的目标和措施是通过解决审计争议，形成审计共识，不断提升审计相关方满意度和审计人员舒适度。

4. 审计营销要与解决问题相结合，做到说和做统一，愿望与实现统一。

第四节　如何把整改做深做透做亮

作为一个老审计，阔别多年，重新回到审计战线，发现审计最大的变化，就是公司审计机构负责人和公司管理层非常重视整改，可能是审计转型的原因吧。我有幸协助领导抓整改工作，经过三年的实践和思考，不仅形成了一套具体做法，更是获得了认识上的重大突破，整改面貌焕然一新，现奉献于此，供同行分享。

一、建立制度，构建整改体系

我们先是定制度。我们先了解整改的制度状态、整改的实际情况，起草了一个草稿，在网上请大家讨论，完善成初稿，在季度会议上各公司审计负责人提修改意见，共归纳成11条，我们视若珍宝，条条嵌入制度之中。这项制度在董常会一次表决通过，成为审计整改的一个指导性文件。

这个文件最大的特点是明确了局和公司两级审计部门是整改工作的牵头部门，业务部门是同级审计部门整改的协作部门；被审计单位承担整改直接责任，被审计机构的上级业务部门是审计整改质量的控制部门。

我们认为审计部门和其他业务部门除了职责不同，没有地位不同，没有谁重要谁不重要的问题，都是组织体系的一个组成部分，都肩负着实现组织目标的使命，只有团结协作，才是审计部门和业务部门正常的审计关系。只有坚持正常的审计关系，审计准则中阐述的管理层对审计的理解和支持，被审计单位对审计的理解和配合，才有现实的观念基础。

文件中审计部门把整改责任扛在自己肩上，同时组织和依靠业务部门，没有把业务部门摆到对立面上去，而是根据局和二级机构业务部门的职能定位和相互关系，合理确定各自在整改工作中的职责，齐心协力完成问题整改。

我们试图营造开开心心做审计、兴高采烈搞整改的新氛围。

实践证明：在新的制度体系下，业务部门是接受新制度的，管理层是支持审计的，被审计机构是配合审计的。

二、制定标准，理清问题清单

问题清单是审计项目的直接成果，是审计报告的关键依据，是审计整改的源头。我们把治理源头作为做透审计的切入点。

首先问题诊断要准，不能只是审计线索。绩效差，要分析原因；舞弊要坐实证据；系统性错误要扩大抽样，有足够数量的直接证据。其次是整改意见和建议要合法、可操作、可验证。审计意见和建议要有合法来源，要尊重和执行公司有效的制度和标准；要根据问题性质、流程环节、影响大小、紧急程度提出恰当的处理意见和建议。特殊事项，可以一事一报，可以采用口头、短信方式报告。建议和意见要落地有痕，要付诸行动，要可以验证。再次是审计问题列示要一问一行，方便审计问题的复核、统计、跟踪。最后是加强问题清单的质量控制。审计人员要按上述标准自查，审计项目负责人要按标准逐条审查，审计质量控制岗要按上述标准复查，审计机构负责人要按上述标准要求和监督。

问题清单编写新标准是整改工作做透的原点，是对整改工作规律性的把握。在新标准的实施过程中，特别要强调审计沟通，问题定性、处理意见和改进建议都要沟通。要树立只有沟通到位，才能整改到位的观点。审计人员要以功成不必在我的境界，问计于基层，问计于专家，不争高低，努力做出一份定性准确、建议恰当、要求合理的问题清单。

三、全面实施达标提质

整改做深体现在落实新标准，实现全覆盖。局审计部采取以上率下做实机关、抓铁有痕带动基层的推进方法。具体做法是局审计部整改岗100%参与审计部审计项目问题清单的复核，带头实践新标准、认识新标准、完善新标准。审计部带头，有利于提高推进效率、提高推进质量、提高推进信心。新标准向基层推进首先安排在第一季度开展全员培训动员，接着是年度中间审计部在信息系统中按照每个单位抽查一个项目样本进行问题清单质量审核评价，最后是年底每个单位推荐一个审计项目参加局组织的优秀整改项目评比。审计项目整改评优内容包括问题清单、审计整改、审计沟通、后续审计。通过精准策划、认真组织、上下合力，一步一步把新标准落实到每个审计机构、每个审计项目、每个审计人员。

后续审计是达标提质的核心控制措施。深入推进复核成常态，复核全覆盖，复核成制度，为达标提质提供坚实的制度和措施保障。对现场整改项目实施现场复核，对整改期内的整改项目按整改报告进行复核，对期后整改事项实行报告跟踪管理直至消项；每次审计对上次审计整改结果进行复核并发表复核意见；重大项目适时进行后续审计立项，实行独立审计。

四、扭住关键，点亮业绩

做亮整改关键是增加审计项目的显性价值。审计工作价值最终要体现在落实审计建议和意见实现的显性价值上。查处了多少人、挽回多少损失、增加了多少效益，审计机构自己要有一本账，要有一套价值确认办法。如果长期说不清自己的价值量，审计的自豪感、自信心就无从谈起，审计故事就无从讲起。审计机构负责人只能从法规的角度讲讲审计的必要性，证明机构存在有理，不能用实际价值证实审计机构有功。因此审计负责人对价值确认要有清晰认识，要认识到整改是收获审计价值的关键动作，要认真，要做透，要追踪审计建议和意见的显性价值。

随着深入推进整改工作，审计部门要不断总结审计得失，积累审计经验，要在审计目标、审计范围和审计内容上聚焦价值关键点，要扭住对价值影响有明确预期的审计线索、直接影响因素揭示管理问题，根据公司制度和实际问题提出针对性的审计建议和意见，为价值增值播下种子。

当前要通过访谈领导和管理层，扭住关键业务、关键控制点、重大风险机构、重大风险项目、重大舞弊线索，进行审计立项或者纳入审计内容；对发现的问题和风险要通过审计建议或者落实领导批示或者审计项目联席会把同级业务部门拿进来，发挥业务部跟踪指导和监督督促的协同作用；要发挥大数据的作用，对归纳提炼出的系统性问题，争取董事会、管理层、监督委员会的支持，推进系统性问题和风险的专项治理，努力在纠错防弊、改善治理、完善管理、改进内控、增加价值五个方面提升审计价值。

五、观念突破，海阔天空

我们归纳提炼出整改目标是：问题百分百整改和增加公司价值。整改目标的提出标志着整改工作已经到达目的地。如果达到问题百分百整改，表示原有的存量风险被控制，管理层应该高兴，这个时候没有必要去责备相关业务部门，影响业务部门和审计部门的关系。

同时通过对几年审计通报内容观察得出：只有审计部门披露的问题是一个正面的表示，用来说明审计部门对业务部门剩余风险控制的成果。同时得出：审计部门是业务部门剩余风险的控制者，审计部门要把责任担在肩上，和业务部门一道控制和化解公司风险。

由于认识变化，不支持、不理解，甚至是责难审计部门已经成为昨天的故事。

第五节　如何组织和督导离任经济责任审计

在三年组织和督导离任经济责任审计过程中，不仅杜绝了"审计失败"和"屡查屡犯"两大审计风险，而且解决几个常见问题，提高对这项工作的认识，积累了点滴工作经验，同时梳理了有待改进的事项。现总结留存，以资后鉴。

一、解决了离任经济责任审计中的主要问题

1. 被审计单位对付审计。具体表现是被审计单位违规接待，延迟提供审计所需资料，拖延确认审计查出的问题。

2. 委托方和被审计人对报告不满意。主要反映是问题以偏概全，风险没有表明风险是否可控。

3. 审计进退场会做法不一致。存在没有审计通知进场的、没有会议议程开会的。

4. 审计整改不到位。存在没有书面整改报告，整改报告缺乏验证资料，被审计单位反映有的问题没有办法整改和建议没法落实。

二、提高了对离任经济责任审计工作的认识

1. 离任经济责任审计是一项严肃的工作。要严格遵循经济责任审计的规

定，不扩大审计范围，不增加审计程序，不延长审计计划时间，完成规定的审计内容，执行统一的效益调整标准，按规定模板提交、按规定程序出具离任经济责任审计报告。离任经济审计既要对企业负责也要对被审计人负责，要特别强调对被审计人的客观公正性。

2. 被审计人的述职报告是离任经济责任审计报告的重要参考。明确要求主审辅导被审计人按审计通知要求提供内容完整的述职报告。被审计单位和个人要站在对个人负责、对团队负责、对企业负责、对组织负责的高度实事求是撰写述职报告。要克服述职报告绝对个人化和绝对单位化。

3. 离任经济责任审计报告是在审计组与被审计单位和个人沟通基础上，经过审计机构审定批准发布的文字成果，是组织的成果。审计人员不要比水平高低，不要执着独家表达。客观公正是离任经济责任审计报告的根本目标，不对立、不冲突是离任经济责任审计报告底线要求，对立、冲突意味着审计失败。

三、督导和组织离任经济责任审计的主要经验

1. 展现专业魅力，形成审计共识。专业是一种力量，专业是一种体系，专业是一种标准，专业是一种信仰。我始终强调用准则和制度回答和解决离任经济责任审计中遇到的问题，反对使用"哪个领导说的"，因为这句话隐含审计是不专业的，领导可以左右审计过程和审计结果。比如：针对被审计单位对付审计问题，利用进场会进行人际关系准则营销，说明被审计单位理解和配合审计组的工作是正常的审计关系，是审计工作开展的必要条件。通过对内部审计概念解读指出内部审计姓内，目标是促进公司完善治理、改进管理、增加价值，和被审计单位不存在利益冲突。内部审计是一种确认和咨

询业务，是经常性业务，和其他业务部门的内部检查调研业务是一样的。内部控制审计是风险导向的审计，查找问题是为了预防风险，问题披露之后是整改，而不是追责，不会伤害个人。经济责任审计首先是做出客观公正的评价，是一项严肃的工作，审计组必须对被审计人负责。同时介绍本次离任经济责任审计操作全程都是开放的、透明的、规范的，我们做的和我们说的是没有分别的。我们开放了被审计机构审计人员参加局审计小组审计工作；明确要求主审辅导述职报告撰写，要求审计问题要被审计单位确认，整改意见和建议要和被审计单位沟通，被审计单位和个人可以直接参与审计报告修改，审计组对反馈意见如果不能否定就必须接受。

由于基于专业释疑解惑、身体力行，和谐审计人际关系取得了可喜进步，我信心满满地提出了"高高兴兴做审计，兴高采烈搞整改"的人际关系目标，有的单位自豪地说，他们已经做到了，我很受鼓舞。

2. 审计客观透明，质量放心可靠。一是实行客观审计。客观审计是指按程序实施，用证据沟通，拿标准评价，按规定处理，把客观公正贯穿始终，有效缩小审计人员的自由空间。二是实施开放审计。开放审计是指审计组向被审计单位和个人公开审计程序、公开审计政策、标准、规定，公开审计结果、结论、意见和建议，这样做可以有效预防审计舞弊。三是实行沟通审计。沟通审计是指审计人员必须征求被审计单位和个人对审计结果、结论、意见和建议的意见，并充分尊重他们的意见，做出采纳、部分采纳、拒绝采纳的书面回复，并对审计报告进行恰当修改。

通过实行客观审计、开放审计、沟通审计，审计人员的审计行为受到严格约束；审计单位和个人积极参与到审计活动中来，帮助审计组提高了审计报告质量，审计报告不满意度为零，审计整改率100%，建议采纳率接近100%。

3. 直面问题求解，换位思考作答。对待问题我的观念是：问题呼唤的是答案，抱怨不是它的解，回避不是出路。面对不理解，不能要求对方学习审计或者到审计部门工作。后来理解我们，而是应该自己想清楚后告诉对方理解我们什么、怎样理解。面对整改难，我们选择先改进自己，努力做听取意见的表率，努力做整改的表率。这几年整改成果有：全面推行进出场会议议程；要求审计结果、意见、建议、报告沟通后签字盖章予以确认。利用审计整改岗推进问题、意见和建议复核，确保问题可整改、可验证，建议可操作。主审复核审计整改报告保留复核痕迹；审计准备成果体现在审计方案中；离任审计和年度绩效审计实行同时进场、分别退场。

这些呼应被审计单位和个人心声的举动受到欢迎和管理层的肯定，收到了预期效果。

四、督导和组织离任经济责任审计的具体做法

督导和组织离任经济责任审计的目标：一是统筹对企业负责和对个人负责，出具客观公正的审计报告。二是落实保障措施，保证审计质量，传承以往积累，寻求点滴创新，追求离任审计工作的持续改进。

督导和组织离任经济责任审计的保障措施：

1. 坚持风险导向，重视审计准备，优化审计方案。

2. 严格执行审计程序，做到合规不走样。

3. 适度进行针对性审计营销，保障审计顺利进行。

4. 强调召开小组会议，保证计划受控，质量受控。

5. 强调审计沟通，杜绝"审计失败"，防范"屡查屡犯"。

6. 严格遵循审计标准，牢牢把握审计政策，精心审核审计报告；认真对

待被审计单位和个人的反馈意见，修订完善审计报告。

五、离任经济责任审计制度和标准改进的建议

1. 关于先审后离任的问题。建议取消此项规定。

2. 关于由谁审计的问题。建议三级机构负责人提职的离任审计由局审计，不提职的由本级审计，提半级的由局督导二级单位审计。

3. 对三级机构负责人离任审计评价规定不具体。如：评价那些内容，每项评价使用的标准／方法、在报告中的位置、评价的规范表述。建议制定离任审计评价标准。

4. 报告中披露问题和风险，对问题和风险的性质、大小、状态、预期如何表述没有相应规定。建议制定问题和风险审计披露标准。

第六节　四年审计工作总结

> **说明**
>
> 工作时间：2014 年 4 月—2018 年 4 月 4 日
>
> 工作职责：整改工作和离任审计项目
>
> 工作成绩：回答了 23 个问题，形成了内部审计的八个观点，提出了离任审计业务的八点主张，总结提炼了整改业务的"四化"经验和离任审计项目"0 争议"质量管理方法。

一、回答 23 个问题

1. 内部审计"姓内"，还是"姓外"。2. 内部审计职能是监督，还是服务。3. 内部审计有没有独立的责任。有，责任是什么。4. 内部审计价值是什么。5. 整改目标是什么。6. 审计部门对整改有没有责任；有，是什么责任。7. 同级业务部门对整改有没有责任；有，是什么责任。8. 什么是问题，怎样描述问题。9. 什么是风险，怎样披露风险。10. 什么是意见，意见来自哪里。11. 什么是建议，建议来自哪里。12. 审计之后是整改，还是追责。13. 审计机构是管事，还是管人。14. 离任审计应该对谁负责，怎样负责。15. 什么是客观性，客观标准是什么。16. 什么是公正性，如何实现公正。17. 离任审计是应离任前审计，还是离任后审计。18. 离任审计制度是要严格遵循，还是可以选择性执行。19. 离任后的审计应该是严肃认真，还是可以应付了事。20. 离任审计报告应该写什么，怎么写。21. 离任审计评价什么，怎么评价。22. 离任审计对审计结果负责，需不需要对干部安排好坏负责。23. 离任审计是否进行非经济责任方面的审计，离任审计报告是否披露和评价非经济责任方面的情况。

二、内部审计八个观点

1. 审计部直接对党委和董事会负责，要有全局站位。2. 审计部目标与公司目标一致，要与公司荣辱与共。3. 审计部是业务部门剩余风险的承担者，要与部门协作共进。4. 审计部是针对问题工作的，要旗帜鲜明。5. 审计报告披露问题是一个正向指示，问题之后是整改，审计要有责任担当。6. 审计价值包括降低公司风险和增加公司价值两个方面，审计部要做增值审计。7. 整改产生价值，整改率理论值是100%，审计部要把整改作为必备程序，把整改率100%作为整改努力的目标。8. 审计是管事的而不是管人的，问题之后是整改而非追责。

三、离任审计八点主张

1. 善是离任审计的出发点。2. 没有不满意是离任审计的目标。3. 客观公正是离任审计的评价尺度。4. 服务选人用人是离任审计的工作方向。5. 公开透明是离任审计的显著特征。6. 审计评价是离任审计的首要任务。

7. 责任界定是离任审计的责任传递。8. 管事而不搞事是离任审计的一般要求。

四、整改工作"四化"管理方法

"责任主体化，管理制度化，活动方案化，成果课件化。"四化管理方法形成于整改工作，应用于离任审计项目管理。

五、离任审计项目"0争议"质量管理方法（简称"0争议"法）

1. "0争议"离任审计项目质量管理方法是在组织和督导离任审计项目已经取得"0争议"实践成果基础上，提炼出的一种针对"争议项"进行系统性治理的质量管理方法，对离任审计项目质量管理具有长期指导意义。

2. "0争议"法是离任审计质量管理的一种主张，既是现实要求，也具有实践基础，是克服审计对立、冲突、不满意的思想武器。"0争议"作为离任审理质量目标可以用争议数=0或者争议率=0表示。"0争议"法是一套离任审计质量保障体系，包括相互联系的五个部分。"0争议"法是一组离任审计项目质量管理活动，有长达四年的实践基础，取得了实实在在的成果。

3. "0争议"的争议主体是离任者、接任者、审计部负责人和审计机构主要管理者，争议项是离任审计小组的审计过程和审计结果。争议后果导致争议主体不满意。争议发展为争论，激化为争吵。争议是矛盾初始状态。解决审计存在的沟通难、整改难、评价难、联动难，克服离任审计出现的审计庸俗化、自由化，化解迎审中的对付审计、反感审计，都要从争议项入手，把握争议的焦点，分析争议的成因，把责任扛在自己肩上，对因施治，问题才能得到根本解决。

4. 离任审计项目"0 争议"质量管理方法相互联系的五个部分：

0 争议审计共识：离任审计实行"三公开一沟通"：审计通知公开、审计依据公开、审计政策公开、审计结果沟通。当前审计政策就是指离任审计"八点主张"。"三公开一沟通"可以保障被审计单位的知情权、参与权，把审计工作置于阳光下，接受被审计单位监督。

0 缺陷审计流程：离任审计严格遵循离任审计管理办法规定的审计程序，并满足质量控制要求。审计程序包括：立项、通知、审前调查、审计方案；进场会，现场公告、现场测评、现场访谈、承诺函、现场取证、现场沟通、现场确认，审计报告初稿，退场会；审计报告征求意见、修改、审定及发文；审计整改结果反馈及复核。

0 遗漏审计沟通：离场前结果、问题、意见和建议必须沟通确认，发文前报告必须征求意见，并对反馈意见逐一回复，对审计报告进行恰当修改。

0 风险审计报告：审计部门对审计小组审计底稿和审计报告进行质量复核，审计机构相关部门、领导对审计报告进行审核批准，防止错报漏报和错评漏评。

0 争议审计整改：严格审核问题清单，无问题不实、无意见不实、无建议不实，实现问题 100% 整改，建议 100% 采纳。

5. 离任审计项目"0 争议"质量管理活动介绍

利用进场会开展审计观念营销，形成审计共识。

审计整改岗由统计岗转变为管理岗，推动问题 100% 整改。

举办业务部门座谈会，建立部门日常运行机制，推动系统联动。

开展质量管理年活动，全面提高审计项目质量。

设置离任审计项目专员，统筹离任审计项目质量管理。

针对主要领导意见，组织专家攻关，回答和解决领导指出的不足。

开展离任审计专题培训和专项评优，带动二级机构同步提升。

6. 离任审计项目"0争议"质量管理活动成果

我们本着严从自身严起，问题从自身查起，整改从自己改起，坚持打铁就是自身硬，先后回答了23个问题，形成了内部审计的八个观点，提出了离任审计业务的八点主张，持续开展审计观点营销，持续推进审计质量提升，持续开展系统联动，持续进行评优标准升级，持续回答和解决存在的问题，离任审计项目呈现出"0争议"审计发展态势。

许多基层单位和部门负责人观点更加积极，认为不应该是上级要监督被动接受审计，而应该是自己要健康发展主动提请审计，主动联合审计。近年出现了审计平台化现象，即审计搭台部门唱戏。审计骨干成了香饽饽，形成了争夺上级审计骨干的人事新气象。

第七节　审计进退场讲话

一、进场会

进场会讲话案例1：2015年3月昆明

1. 工作纪律和作风（廉政要求）。吃食堂、住从规。审计沟通讲标准、讲感情、讲道理。业务上互学互鉴。

2. 方案交底。

3. 理解与配合（源自人际关系准则要求，基本准则关于审计属于确认和咨询业务的定位决定了审计关系的变化）。

4. 公正审计。我理解的公正就是指按程序实施，用证据沟通，拿标准评价，按规定处理。把审计打造成平等沟通的平台，使审计报告成为各方充分沟通的成果，保持审计报告不美化、不丑化、不冲突、不对立。

进场会讲话案例2：2016年5月杭州督导

主旨：离任审计首要是客观公正

概念：经济责任审计是指通过实施审计程序，对相关责任人任职期间主要经济考核指标完成情况、经营质量、资产运营质量、经营成果的真实性、财务收支的合规性、内部控制的建立和执行、重大经营决策合规性和有效性、遵循公司管理制度以及个人廉洁自律情况等进行审计，以客观公正评价相关责任人任期内取得的经营业绩，明确界定相关责任人应负有的经济责任，并对有关问题、重大经济事项和风险等做出披露。

谈谈对离任经济责任的五点认识和各位商榷：

1. 立足审计价值，实施善的审计

内部审计的价值是促进组织完善治理、增加价值和实现目标。离任经济责任审计是干部管理的一项制度安排。离任审计必须爱护企业、爱护员工，实施善的审计。本次审计侧重于领导人一个时期的基本面评价，不是侧重点和线上的具体工作，不是为了解决具体问题。点和线的发现不能简单用于面的评价，点和线的问题也不通过本次审计解决。

2. 响应廉政要求，实施阳光审计

阳光是最好的消毒剂。本次审计要实现程序公开、政策公开、结果公开，以及纪律公开。

3. 遵循审计道德，实施公正审计

客观公正是审计的生命，是审计的最高要求，也是审计的最低要求。按照客观公正的要求，本次审计严格按照中国建筑股份有限公司离任（任期）经济责任审计管理规定和审计方案执行。离任经济责任审计要同一般管理审计严格区分，完成规定动作即可。本次审计要遵循公正审计的一般要求，做到按程序实施、用证据沟通、拿标准评价、按规定处理，把客观公正的要求贯彻始终，把审计打造成审计利益关系方平等沟通的平台，使审计报告成为利益相关方沟通的成果，做到审计报告不美化、不丑化、不对立、不冲突。我们要牢记内部审计的局限性，避免主观臆断、以小见大、以偏概全、武断粗暴，做出伤害审计对象的评价。

4. 争取理解配合，实施和谐审计

共识是理解配合的前提，理解配合是实现和谐审计的关键。我们是这样认识审计的：1. 审计是企业的确认和咨询业务，是一种功能性活动，与业务部门的复核和核准并没有区别。审计部门和其他业务部门同属业务部门。2. 审计是公司完善治理、增加价值和实现目标的一种工具，与公司各层级、各部门、各员工没有利害冲突。发生冲突的原因是审计对象利用审计成果对相关责任人的事后追责。由于这些追责在审计整改之后，没有积极意义，相反破坏审计声誉，我们是坚决反对的。3. 审计对事不对人，对审计发现问题首先是要求改，而不是追责。审计发现和审计整改是审计价值实现的两个必备环节，审计发现和审计整改都应该获得点赞，而不是其他。

本次审计实现和谐审计，要求审计人员首先是做好自己，然后争取被审计单位各级管理人员的理解和配合，落脚点是及时提供资料。

5. 注重审计方式，实施沟通审计

人际关系准则（第 2305 号）把沟通作为建立和保持良好人际关系的唯一方式。本次审计现场工作结束后，就是审计报告沟通，沟通的要点是：1. 审计初稿形成过程中，主审进行的非正式沟通；2. 审计部门发出审计报告征求意见书正式沟通，沟通有效时间是收到审计报告之后 10 天；3. 沟通的核心内容是数据审计调整、审计结论和审计评价、披露事项、审计建议。离任经济责任审计报告是要进个人档案的，达到报告框架基本要求即可。审计报告是公司的报告，是各方协商妥协结果，不要追求报告的个人表达，欢迎广泛讨论、修改。

进场会讲话例 3：2016 年 6 月 15 日对房地产项目内控审计

主旨：审计舒适度关键在审计营销

我不太愿意提要求，尝试把审计要求和审计营销一起讲，希望审计营销能够保证审计要求落地，能够有助于现场审计工作的开展。

我个人坚持这样的理念：审计不能要求审计对象学习审计理论和从事审计工作后来理解和配合审计，审计应该通过项目审计营销来不断推销自己，努力和审计对象共进共荣，在长期实践中一点一点改善审计关系，我相信内部审计关系是可以比较舒适的。

下面就本次审计谈四点要求，同时说明这四点要求的理由，希望大家能够接受这四点要求。

1. 理解和配合。在最近两年的审计过程中，还是会碰到配合方面的问题。我个人认为还是审计营销不够，我们没有把审计的变化讲清楚、审计的政策讲清楚，有的机构人员出于对公司和部门的责任，警觉性很高、戒备心很强，这是常见的应对检查的策略，可以理解。

现在内部审计发生了很大变化，最大的变化是内部审计完全服务于公司自己，它曾经被要求为国家和社会监督机构服务。内部控制审计目标是评价内部控制文件健全性和有效性，和被审计单位是没有利益冲突的。审计查找的内控不符合项、不适宜项，关注的是风险，即可能的危害和损失；不是问题，即已经造成的损失和危害。请大家放心配合。（内部审计的七个变化：一是审计服务转向由外而内，二是审计内容扩围内控全要素，三是审计对象纵深聚焦全面风险，四是审计目标定格内控有效性和适当性评价，五是审计价值计量等于增加组织价值，六是审计工作定义为确认、咨询活动，七是审计关系蜕变为客户伙伴关系）

内控审计属于确认业务，你们的工作成果就是我们确认的内容，没有你们的配合工作就无法进行，请大家务必配合。如果项目配合好，资料可信度就会提高，审计强度会降低，审计时间能够得到有效控制，对大家影响就会减少，请大家积极配合。

2. 公正审计。我们坚持客观标准和友好沟通。我们讲的客观性是指按程序实施，用证据沟通，拿标准评价，按规定处理，将客观性贯彻始终。我们讲的友好沟通是指大家关心的审计结论、评价、意见和建议，审计报告，整改计划都要跟大家沟通，审计是公开透明的。

3. 纪律和作风。外勤业务只是因工作需要换个工作地点，要遵守上下班时间，要注意影响。同时要考虑对配合人员工作的影响，可以晚半个小时上班，早半个小时下班，中午时间抓紧点，工作和生活都照顾到。接待工作少一点行政倾向，不要破规。

4. 认真尽责。审计部门是内部控制的重要责任部门。我们每年要接受会计事务所和总公司内部控制测试。我们要用全面审计和详细审计保证外部审计获得预期目标。如果我们审计的这个项目在外部审计中出了状况，那我们这次内控审计就失败了。这种结果是万万不能出现的。

二、退场会

会议内容：1. 通报审计发现的问题及沟通初步审计意见；2. 修正有支撑依据的审计意见；3. 下发审计发现问题整改通知书，并要求被审计单位负责人签字确认；4. 请被审计单位负责人签字确认效益确认单。

退场会讲话案例1： 退场会讲话（简单型）

退场会讲话： 1. 审计后续工作交底（审计报告程序、审计报告结构、效益确认性质和披露方式、审计发现问题报告与整改）。2. 感谢领导支持和各部门的配合，感谢审计人员的辛勤工作，完成了本次现场审计工作。希望在接下来的工作中友善沟通，在计划时间内完成审计报告。

退场会讲话案例2：2014年10月在重庆

1. 本次审计后续工作

（1）审计小组编制报告，报告会涉及审计调整和审计评价。

（2）报告（征求意见稿）会征求××和××意见。同时也会同××公司交换意见。希望大家积极沟通，共同提高报告的客观性和可靠性。

2. 关于审计效益标准说明

当前的审计效益确认标准说明。一是认同财务的稳健结果，并以此为调整基数，二是仅对完工已结算的项目进行效益调整，三是对完工未结算的项目进行核实调整，四是对在建工程不披露不调整，五是对未完合同额不披露，六是对成本挂账要调整，七是预提已完工程保修金。

3. 本次审计目标的实现情况

本次按审计方案完成了预定工作内容，从完成情况看：1. 按现行效益确认标准核实了审计期间的效益，观察了账面效益的列报情况，列报效益是稳健的。2. 独立进行了审计测评和人员访谈。公司员工对公司经营和管理基础有清醒认识，期待公司经营发展和管理提升，对班子的总体评价是好的，没有对××经理的负面评价。

4. 针对访谈意见的几点想法

员工认为目前公司在市场和管理上偏弱，资金和劳务资源对工期和成本影响比较大。针对职工反映情况，这几天我有一些思考，拿出来和大家分享。

我认为职工"比上不足"的视角表明××公司职工不服输求上进的精神状态。对如何提高发展水平，我认为××经理在述职报告中阐述的管理思想有方法论的意义，应当传承，同时我个人提出四个发展方法，在这里与大家分享。这四个方法是：实施精准发展，消灭亏损合同，兑现引导创效，做实战略后方。

（1）在发展目标上立足查找绩效弱项，量化绩效指标，落实改进责任，实施有效激励，实现精准发展。

（2）在市场营销上要用更大勇气坚持有所为有所不为，力争签约过程化，消灭亏损合同。

（3）在项目管理上坚持标价分离，精准商务策划，提高有效兑现比率，用激励引导项目创效水平。

（4）在发展战略上按照做实战略后方的定位，做实管理团队，做实账面资金，做实劳务队伍。战略保障措施：一是用"三实"作风"争先"状态"三品"格局谋求企业进步和员工发展；二是高压管理和人本关怀并重，切实提升员工满意度；三是争取上级政策的支持，潜伏发展，积蓄未来发展能量。

最后，感谢公司领导和部门对本次审计工作的配合。

退场会讲话案例3： 2016年2月23日郑州分公司

特别言论集锦

主题：让任期审计闪耀人性和科学的光辉。

主审汇报现场审计初步成果后的插话：从管理视角进行审计是对的，管理是业务和目标之间的关键纽带，对目标实现起保障作用。

财务审计工作思考

任期责任审计的目标是双重的，既要按规定评价被审计当事人，又要促进企业管理，要做到对企业负责和对当事人负责的高度统一。

审计部门是业务部门剩余风险的承接者，审计指出的问题，是一个正向表示，因为它和整改连接，企业剩余风险将会降低。

问题不是和责任联系在一起的，问题之后是回答问题和解决问题，审计是挺在纪委前面的。

任期审计报告主要任务是对当事人的责任评价，建议和意见只将重大和重要建议纳入审计报告，不详细陈述基本事实，其他的一句话提出整改要求即可。

正式讲话：

我们的目标是高高兴兴做审计，终身不得抑郁症；兴高采烈做整改，整改改出价值来。这个目标已经实现，实现这个目标关键是要始终坚持公开透明，体现目标的一致性；始终坚守客观公正，实现对企业负责和对个人负责的高度统一；始终把握沟通规则，提高报告关联方满意度。

审计是善的，任期审计首要的是客观公正，要特别强调对当事人的公正性，要保证客观公正，沟通是基本的保障方式，审计人员要做听取意见的表率。

第八节　离任审计业务的进展和成果

一、离任审计项目质量工作的最新进展

（一）离任审计项目呈现 0 争议发展态势

"0 争议"离任审计项目质量管理方法（简称"0 争议"法）是在组织和督导离任审计项目已经取得 "0 争议"实践成果基础上，提炼出针对"争议项"进行系统性治理的质量管理方法，质量管理目标是 0 争议项。

"0 争议项"目标产生过程

▲ 提高审计舒适度。

▲ 高高兴兴做审计、兴高采烈搞整改。

▲ 让审计闪耀科学光辉。

▲ 离任审计"0 争议"。

（二）离任审计项目质量改进 5 个过程

1. 审计观念营销，知行可见造就和谐审计。

2. 审计整改倒逼问题清单改进实现 100% 整改。

3. 离任审计项目产品化，质量标准成为示范引领。

4. 离任审计项目实现 0 争议。

5. 为出具客观公正的审计报告而奋斗。

面向审计目标的审计内容。面向管理层要求的工作重点。面向审计报告的审前调查。面向审计评价指标的审前分析。面向审计评价过程的论证方法。面向审计评价结果的定性定量标准。面向最新成果的评优标准。

(三) 离任审计发展特点

离任审计发展呈现出理论性、规范性、实践性和历史性的特点。

理论性：离任审计不能脱离审计学的原理自由放任。

规范性：第2205号内部审计具体准则——经济责任审计

中共中央办公厅、国务院办公厅《党政主要领导干部和国有企业领导人员经济责任审计规定》（中办发〔2010〕32号）

第一条 为健全和完善经济责任审计制度，加强对党政主要领导干部和国有企业领导人员（以下简称领导干部）的管理监督，推进党风廉政建设，根据《中华人民共和国审计法》和其他有关法律法规，以及干部管理监督的有关规定，制定本规定。

中央纪委机关、中央组织部、中央编办监察部、人力资源社会保障部、审计署、国资委《党政主要领导干部和国有企业领导人员经济责任审计规定实施细则》（审经责发〔2014〕102号）

实践性是指离任审计是不断回答和解决审计过程中遇到问题，不断改善离任审计组织领导、审计程序控制，不断改进审前调查、审计方案、审计底稿、审计报告的质量，推进述职报告辅导，不断逼近管理层要求。

历史性指对离任审计的认识和改进是一个渐进过程，与审计部其他工作紧密关联，表现出阶段性特征。

二、分享离任审计项目的八个审计观点

这八个观点是三年来审计营销观念的汇集。三年来为了实现现场和谐审计的目标，认真分析现场冲突原因，运用审计准则、审计制度、审计理论对因定策，首先通过审计营销形成审计共识，把问题解决在认识环节，通过审计过程展示、审计报告成效，迎来了和谐审计的大好局面。自审计营销实施以来，没有发生一起恶性冲突，不断深化了离任审计项目的认识，不断完善审计过程控制质量，不断改进审计报告撰写工作，离任审计呈现出"0争议"稳定发展态势，观念自信油然而升。为了推动实现"0争议"覆盖全局所有离任审计项目，将离任审计的八个观念拿出来广泛宣讲，为实现离任审计项目100%实现"0争议"鸣锣开道。

"八个观点"八个"是"，彰显自信，充满力量。好像是重要人士的重要讲话，权威人士的权威解答。

1. 善是离任审计的出发点

审计目的是完善内控、提高绩效、实现目标，是公司领导和员工共同心愿，这里没有恶。

离任审计是必审业务，不是因具体问题产生的业务。

审计坚持问题导向是审计部门的监督属性和审计确认业务的论证方法决定的。问题导向（其他如：创新导向、机遇导向）是企业管理通用方法，不是审计的发明，不是审计部门的独门绝技。不能拿审计特点歪解审计目的，审计不是拿问题说事，更不是拿问题整人，而是按规定提出意见和建议，要求被审计单位按要求进行整改。问题之后是整改，不是追责。

离任审计是审计的一种业务，必须遵循审计的一般要求，不能滋生特权，自由放任，自成一派。

2. 没有不满意是离任审计的目标

3. 客观公正是离任审计的评价尺度

客观公正是审计的生命，是审计的最高要求，也是审计的最低要求。按照客观公正的要求，本次审计严格按照中国建筑股份有限公司离任（任期）经济责任审计管理规定和审计方案执行。离任经济责任审计要同一般管理审计严格区分，完成规定动作即可。本次审计要遵循公正审计的一般要求，做到按程序实施、用证据沟通、拿标准评价、按规定处理，把客观公正的要求贯彻始终，把审计打造成审计利益关系方平等沟通的平台，使审计报告成为利益相关方沟通的成果，做到审计报告不美化、不丑化、不对立、不冲突。我们要牢记内部审计的局限性，避免主观臆断、以小见大、以偏概全、武断粗暴，做出伤害审计对象的评价。

4. 服务选人用人是离任审计的工作方向

5. 公开透明是离任审计的显著特征

"在玻璃房中按设计工艺标准生产"，全程接受被审计单位监督。

6. 审计评价是离任审计的首要任务

审计机关应当根据审计查证或者认定的事实，依照法律法规、国家有关规定和政策，以及责任制考核目标和行业标准等，在法定职权范围内，对被审计领导干部履行经济责任情况作出客观公正、实事求是的评价。审计评价应当与审计内容相统一，评价结论应当有充分的审计证据支持。

7. 责任界定是离任审计的责任传递

审计机关对被审计领导干部履行经济责任过程中存在问题所应当承担的直接责任、主管责任、领导责任，应当区别不同情况作出界定。

注意三个区别开来：即把干部在推进改革中因缺乏经验、先行先试出现的失误和错误，同明知故犯的违纪违法行为区分开来；把上级尚无明确限制的探索性试验中的失误和错误，同上级明令禁止后依然我行我素的违纪违法行为区分开来；把为推动发展的无意过失，同为谋取私利的违纪违法行为区分开来。

（性质上区分失误错误过失与违纪违法，程度上区分违禁还是非违禁，原因上分清无意和故意，动机上明辨为公还是谋私）

8. 管事而不搞事是离任审计的一般要求

是警戒线和高压线的监护人，是重大风险事项跟踪管理的监督人，是先进经验和先进事迹的传播者。不是结算争议的裁判，不是选人用人的监督者。

三、离任审计实施阶段的 4321 要求

1. 先送四颗"定心丸"。实行公开透明的项目审计政策，切实做到"三公开一沟通"，即审计内容公开，审计依据公开，审计政策公开，审计结果沟通。

2. 索要三粒"还魂丹"。友好配合，务必相信，常规接待。务必相信我们是善的，是公正的，是能够回答解决你们指出的不足的。

3. 共守两条规矩。客观公正（访谈、测评、问题、结论、评价、责任），严肃认真（遵循标准、程序、纪律、核数、评价、责任界定）。

4. 点赞一种行为。鼓励业务交流。

审计人员综合素质：精 1 会 2 知 3、4。

第九节　打造经济责任审计和谐审计关系

一、打造经济责任审计和谐审计关系的实践

打造经济责任和谐审计关系是组织和督导经济责任审计项目过程中，在管理审计小组和被审计单位之间工作关系方面确立的奋斗目标。特指在正常情况下，没有发生被审计单位和审计组之间的对立、冲突、告状情形，且审计过程和审计结果得到被审计单位和审计机构共同认可。

人生要有梦想，工作须立目标。打造和谐审计关系确立了的三个不同等级的目标，从高到低排列，相互依存，相互促进。

1. 高级目标：审计人员的幸福审计。

2. 中级目标：被审计单位和人员对审计组的满意审计。

3. 基础目标：0争议审计。指针对审计活动中可能发生和实际发生的争议项，对因施策，通过减少可能发生的"争议项"和解决实际发生的"争议项"，从而实现0争议审计目标。

我们始终将和谐审计建立在科学审计基础之上，坚决抵制摒弃庸俗的沟通方式和消极审计行为。

有目标必须有措施，有问题必须定对策。0争议审计质量管理方法是实现和谐审计的基本方法。0争议审计是中高级目标的必经之路。

当前正处在决胜0争议审计阶段。

基本现状：流程中规中矩，报告有模有样，结论主要相关方认可。

尚需改进：

（1）审计报告由专业拼接向大众易读转变。

（2）审计方法由经验审计向科学审计转变。

整体目标：2018—2020年，全局经济责任审计项目总体实现0争议。

具体推动措施是：

（1）实践引领。

（2）标准引导。

（3）评优带动。

和谐审计，审计机构和审计人员要主动担当。理解什么和支持什么，要明确告知；审计什么、怎么审计，要接受监督；相互沟通，要尊重包容。

二、打造经济责任审计和谐审计关系首要是形成观点共识

思想是行动指南，共识是合作的基础。内部审计姓内是和谐审计的内在根据。结果沟通是审计项目质量的重要保障；人际关系是打造和谐审计关系的工作对象。2014—2017年在解决经济责任项目争议中提炼出来的，符合审计理论和审计制度的八个基本观点，回答了审计什么、怎么审计，得到了广泛认同，成为处理审计小组和被审计单位之间审计关系的重要观点。

善是离任审计的出发点。

没有不满意是离任审计的目标。

客观公正是离任审计的评价尺度。

服务选人用人是离任审计的工作方向。

公开透明是离任审计的显著特征。

审计评价是离任审计的首要任务。

责任界定是离任审计的责任传递。

管事而不搞事是离任审计的一般要求。

三、打造经济责任审计和谐审计关系归根到底要说到做到

问题催生创新，思想指导实践。根据八个观点的要求，归纳梳理验证了经济责任审计项目的4321工作要求，作为打造经济责任审计和谐审计关系的基础方案。

1. 先送四颗"定心丸"。实行公开透明的项目审计政策，切实做到"三公开一沟通"，即审计内容公开，审计依据公开，审计政策公开，审计结果沟通。

2. 索要三粒"还魂丹"。友好配合，务必相信，常规接待。务必相信我们是善的，是公正的，是能够回答解决你们提出的问题。

3. 共守两条规矩。客观公正（访谈、测评、问题、结论、评价、责任），严肃认真（遵循标准、程序、纪律、核数、评价、责任界定）。

4. 点赞一种行为。鼓励业务交流。

第十节　离任审计问题探讨

一、如何把握离任审计的总体要求

从经济责任审计的概念把握经济责任审计的内容和任务。

经济责任审计是指通过实施审计程序，对相关责任人任职期间主要经济考核指标完成情况、经营质量、资产运营质量、经营成果的真实性、财务收支的合规性、内部控制的建立和执行、重大经营决策合规性和有效性、遵循公司管理制度以及个人廉洁自律情况等进行审计，以客观公正评价相关责任人任期内取得的经营业绩，明确界定相关责任人应负有的经济责任，并对有关问题、重大经济事项和风险等做出披露。

1. 评价离任者有三个维度：目标完成情况、任期内变化、对标结果。

2. 责任界定对象是离任者，其实也明确了接任者的责任起点。

3. 注意三个区别开来：即把干部在推进改革中因缺乏经验、先行先试出现的失误和错误，同明知故犯的违纪违法行为区分开来；把上级尚无明确限制的探索性试验中的失误和错误，同上级明令禁止后依然我行我素的违纪违法行为区分开来；把为推动发展的无意过失，同为谋取私利的违纪违法行为区分开来。

二、如何快速完成审前准备

风险导向，确定范围重点（机关、项目，考虑审计覆盖面和重大异常所在地），内容重点（信息真实性、业务有效性方面的重大异常涉及的业务板块）；基于模板，完善进场实施方案，锁定访谈、内控检查重点；预判审计结果，评估审计风险，杜绝审计失败。

三、如何快速完成现场工作

完成规定动作（进退场会议、审计测评，针对审计重点内容访谈、分析、取证，内控合规性审查、效益核实等）。合规性审查重点关注：决策控制记录，业务控制经办复核批准三个关键节点，业务管理PDCA四个环节，信息管理账证表三件载体。

四、如何进行业绩评价

战略业绩，营运业绩，管理业绩，风控业绩，担当业绩（化解任前风险、整改任前问题、推动上级部署、承担急难险重任务等）。

五、如何界定经济责任

企业责任，财产责任，业务责任，管理责任，风控责任。
期初、期末、变动、变动原因、变动趋势向好向坏。

六、业绩/能力定性评价应注意什么

产品生命周期，市场发展周期，企业成长周期。

七、如何披露审计问题或审计风险

落实重要性原则，从问题清单中筛选。表达结构：问题类别和性质、事实、影响或损失。

八、如何提审计建议

落实建设性原则，由点到线，由点到面在审计报告中向被审计单位提出系统解决之类问题的方案，而不仅仅是针对审计发现的具体问题要求整改取得某个结果。审计建议一定要落实责任主体，找不到个人找部门、找不到部门找单位。审计建议最好是成功做法的移植，平时要重视常见问题解决方案的收集。

九、报告修改的做法

（1）结构层次逻辑化。

（2）文字精简去冗余。（非重大问题，非重大风险，非建设性建议，问题风险中的非必要文字，基本情况、财务状况中的非核心内容）

（3）情况描述分主次。

（4）指标多少看目的。

（5）问题定性求精准。

（6）结论材料相统一。

（7）评价用语规范化。

（8）建议具有建设性。

十、离任审计报告解析与改进

现行报告框架：1. 前言；2. 基本情况；3. 目标完成情况；4. 财务状况；5. 审计测评和廉政情况；6. 审计评价（责任评价，必须是要求与实际对照）；7. 披露事项；8. 审计建议。

对比报告框架：审计概述，1. 本审计单位基本情况（含基本情况、目标完成情况、财务状况）；2. 业绩评价意见；3. 管理评价意见；4. 披露事项；5. 以前年度建议采纳情况；6. 审计发现主要问题及处理意见；7. 审计发现问题现场整改情况；8. 审计建议。

优点：目前报告框架按照审计内容和审计任务来组织，这种报告框架结构简单，可以保持方案、底稿和报告内容的对应关系，有效预防编写漏项。

缺点：业绩、问题、评价分散处理，报告没有从说事聚焦到说人，没有完成对任职者进行审计综合评价的任务。离任审计报告有管理问题没有管理亮点，缺少管理业绩评价，问题倾向、财务思维明显，发展意识、组工思维不足，不利于使用者快速全面完整把握离任者情况。

解决方案：

1. 戴凤冠。在文头写一段摘要或者核心提示。

2. 扎腰带。在审计评价标题后写一段综合评语。

3. 做引导。通过宣传栏解读报告的结构，引导编写和阅读。报告3～4项陈述审计数据，进行比较评价。审计评价增加管理亮点，发展平衡式审计报告；侧重整体评价揭示主要问题和风险。

第十一节　离任审计小组审前辅导

一、审计围绕目标

客观反映责任人任职期间取得的经营业绩，对责任人任职期间经济责任的履行情况进行评价，并对公司发展情况、内部管控情况以及重大经济事项和风险等做出披露。

二、审前形成预判

1. 对情况、成绩、问题、风险形成预判。
2. 将重点范围、重点内容和实施程序、输出成果植入方案。
3. 形成审计报告雏形。

三、现场实施取证

1. 完成审计测评。
2. 核实收入、成本、效益等指标数据。
3. 公司治理：围绕战略和三重一大事项。
4. 成绩要重点消化述职报告。
5. 问题要做实。
6. 风险要访谈，要看变化。

7. 内控抓住 PDCA 和账证表。重点是该管没人管，该登记没有登记和工作没有进展的。

8. 以前年度审计整改和建议落实。

四、报告遵循框架

1. 报告框架

①前言 ②基本情况 ③市场经营与经济效益情况

④财务状况 ⑤审计测评及廉洁自律情况 ⑥审计评价

⑦披露事项 ⑧审计建议

2. 审计评价

财务绩效评价；

重大决策与发展战略；

内部控制评价；

财务收支的合规性。

注意三个区分开来：即把干部在推进改革中因缺乏经验、先行先试出现的失误和错误，同明知故犯的违纪违法行为区分开来；把上级尚无明确限制的探索性试验中的失误和错误，同上级明令禁止后依然我行我素的违纪违法行为区分开来；把为推动发展的无意过失，同为谋取私利的违纪违法行为区分开来。

3. 审计建议

针对影响和制约公司下一步发展的主要问题；

立足被审计单位实际；

具有可操作性；

相关问题须落实到具体责任部门或责任人。

4. 报告要求

报告结构完整、情况简明扼要、问题重点突出、评价点面结合、客观公正、充分沟通、严格程序。

第十二节　离任审计小组审前深化辅导

一、离任审计业务性质

是法定委托业务。审计部门应该按委托方要求组织开展离任审计业务。离任审计内容是经济责任，不包含其他责任。

离任审计是为了加强领导经济责任的监督管理，中共中央和国务院将这项工作交给了审计部门。如果审计部门不胜任、不负责，甚至失职、渎职，不仅起不到加强管理监督的作用，相反还弱化了领导干部的管理监督。

二、离任审计一个基础三个目标

一个基础：

基础指标核实——以官方指标解释为标准进行确认调整，避免因数据不实对审计评价产生实质性影响。

三个目标：

经济责任评价——包括综合评价、单项评价。

经济责任界定——界定违规违纪造成重大经营损失和国资流失涉及的领导个人责任。

经济责任划分——披露重大事项和重大风险的现状和影响。

不涉及非经济责任评价、界定和划分。

三、离任审计材料的选择标准

同时满足：

与离任者的工作职责密切相关。

与离任审计目标密切相关。

符合重要性原则。

四、离任审计报告站位

1. 要有领导意识

全局意识，长远意识，发展意识，安全意识，形象意识，现金意识，执行意识，结果意识——为管理层服务的经济监督部门。

2. 要有组工思维

德勤绩能全面看，重业绩、看经历、重品德、听公论、辩证看——看业绩是否真实，发展是否可持续，人品是否支撑事业发展，员工是否拥护，过去、现在和将来——任期初、任期末、任期内及趋势。

3. 要有文秘技能——重点是选材能力、概括能力

4. 要有责任担当——勇于揭露问题善于提出意见和建议

第十三节　离任审计发展目标、现状和风险

目标：幸福审计，科学审计，0争议审计

现状：基础教育缺失，取证考试缺失，基层实践分散，理论研究不足。

突出问题：

审前风险评估没有规范化、科学化。

审计取证抽样没有规范化、科学化。

审计评价不到位，报告重要性原则和建设性原则落实不够。

新冲击：三重一大，违纪违法，追根溯源，追责问责。

离任审计存在的主要风险：

1. 流程与合规性风险。

2. 评价与风险：不胜任，影响管理，影响情绪。

3. 时间与风险：时间的必要性，时间配置，审计准备时间、现场审计时间、审计报告时间占比为3:4:3。

4. 组织形式与风险：人员控制缺陷。

5. 个人风险和部门风险：个人风险和机构风险的关系。

| 第二章 | 内部审计 ◎

风险范围：

以管理监督而非纪律监督为特征的内部审计，

以业务为对象的审计，

以管理为基础的审计，

以剩余风险为内容的审计，

以组织目标愿景使命为中心的审计，

以胜任为前提的审计，

以独立客观公正保密为操守的审计。

对规定内容进行客观评价。

审计对纪律红线范围内的提出整改要求和改进建议；

审计对纪律红线外的线索进行移交。

0 争议解读：

努力回答和解决离任审计遇到的具体问题。

以审计相对人为对象。

以审计结果为主要内容。

以客观公正为尺度。

以美好愿望为期许。

以沟通为手段。

以尊重包容为基础。

以小组和机构互动为保证。

努力回答和解决离任审计遇到的具体问题。

第十四节　C3级经济责任审计解说词

C3级经济责任审计是干部管理监督的组成部分。审计部门应当按照中共中央办公厅、国务院办公厅《党政主要领导干部和国有企事业单位主要领导人员经济责任审计规定》（以下简称《规定》）开展经济责任审计活动，并达到文件规定要求。

自2016年以来，我们响应领导和员工的期待，严格控制审计程序和审计时间，努力减少对基层干扰，努力退场前反馈审计结果，努力实现和谐审计，努力出具客观公正的审计报告。在这个过程中确立了C3级离任审计的八个基本观念，推行了"0争议"质量管理方法，实施了4321现场审计组合方案，总体上实现了审计关系和谐和审计质量0争议。

八个经济责任审计观点包括善是离任审计的出发点，没有不满意是离任审计的目标，客观公正是离任审计的评价尺度，服务选人用人是离任审计的工作方向，公开透明是离任审计的显著特征，审计评价是离任审计的首要任务，责任界定是离任审计的责任传递，管事而不搞事是离任审计的一般要求。

和谐审计关系是指在正常情况下，没有发生被审计单位和审计组之间的对立、冲突、告状情形，且审计过程和审计结果得到被审计单位和审计机构共同认可。

0争议审计质量管理方法是指针对审计活动中可能发生和实际发生的争

议项，对因施策，通过减少可能发生的"争议项"和解决实际发生的"争议项"，从而实现 0 争议审计目标。

4321 组合方案中"4"指审计内容公开，审计依据公开，审计政策公开，审计结果沟通；"3"指友好配合，务必相信，常规接待；"2"指在访谈、测评，问题、结论、评价、责任界定各环节要客观公正，在遵循标准、程序、纪律和核数、评价、责任界定各方面要严肃认真；"1"指鼓励业务交流。

回顾和总结和谐审计形成过程有三条基本经验应当坚持：

一是实行公开透明的项目审计政策，切实做到"三公开一沟通"。二是按照客观性原则管控双方分歧，做到按程序实施、用证据沟通、拿标准评价、按规定处理；将审计报告打造成审计相关方平等沟通的平台，把客观公正的原则贯彻始终。三是坚持管理定位，坚持与业务管理部门同行，与公司目标一致，致力于发现真问题、帮助回答和解决问题。

2019 年 7 月 15 日中共中央办公厅、国务院办公厅印发的《规定》旨在深入贯彻习近平新时代中国特色社会主义思想和党的十九大精神，坚持党对审计工作的集中统一领导，聚焦领导干部经济责任，既强化对权力运行的制约和监督，又贯彻"三个区分开来"要求，加强领导干部管理监督，促进领导干部履职尽责、担当作为，确保党中央令行禁止。

结合公司实际，内部经济责任审计的任务是客观评价审计对象承担的经济责任指标完成好坏，反映公司投资、筹资、营运活动中绩效的不足，揭示公司在公司治理、营运管理、风险管理、内部控制等方面制度设计和制度执行存在的缺陷，界定违规违纪责任，促进干部履职尽责、促进权力规范运行、促进反腐倡廉、促进资本保值增值，推动公司高质量发展；贯彻执行党和国家经济方针政策、决策部署，推动重大经济风险化解、重大问题整改，发挥

财务审计工作思考

审计监督建议作用,促进干部担当作为,确保令行禁止。

让我们一起努力做好审计评价,鼓舞领导干部干事创业,推动公司高质量发展。让我们一起认真贯彻"三个区分开来",做好责任界定,出具客观公正的审计报告。让我们一起深化审计成果运用,点线面全面整改到位,该追责的问责到位,提高企业的管理水平和效益水平。

第三章

工作思考及感悟

第一节 工作报告：做好会计报表工作，不辱职业使命

> 各位同人，你们好！
>
> 今天，我和大家交流的主题是"做好会计报表工作，不辱职业使命"，希望大家多多指教。

一、为什么要十分重视会计报表工作

从1999年全国"统一报表"的建立，到对国有企业年度会计报表全面实行注册会计师审计监督，再到新会计法的颁布实施，都充分体现了党中央、国务院对加强企业会计报表管理和提高会计信息质量工作的重视。作为国有企业财务人员应该有一种历史的责任感和使命感，尽心尽职做好会计报表工作，服务于国家的宏观经济决策和对国有企业的监管。

（一）会计报表工作是实现会计工作目标的基本途径

会计工作目标是提供一个企业特定日期财务状况和某一会计期间经营成果和现金流动的信息。这些信息对广大信息使用者进行经济决策是非常有用的。满足广大信息使用者共同需要的信息，通过对外会计报表来实现；满足外部信息使用者特定需要的信息，通过特定的报表来实现；满足内部管理者需要的信息，通过内部会计报表来实现。

分散的会计记录、庞大的簿记体系不能为信息使用者直接接触，即使是能够直接接触的内部管理人员，分散的信息也是不能够满足决策所需的，报表工作的任务是分析各种需求、设计报表体系，根据会计记录编制会计报表。

编制和提供会计报表不是一件可做可不做的工作，而是企业必须承担的一项管理责任。企业向主管财政部门、主管税务机构和工商登记机关报送会计报表是法定要求，企业必须按规定提供；企业向投资人、贷款人提供会计报表，是企业获得资金所必需的；企业内部也需要会计报表来评价和考核一个经济组织的经营责任。会计报表工作者要认识到这一点。

（二）会计报表工作是其他财务工作的基础

企业的财务工作大致可以分为财务管理工作（全面预算管理、资金管理、成本管理）和会计工作。会计工作提供的最终信息产品，就是会计报表，从这个意义上讲，谈会计报表工作就是谈会计核算工作。财务的预测、决策、计划、控制、分析、考核都离不开会计核算提供的历史信息；对未来的预测、计划要以现实数据为基础，所谓控制、分析和考核无非将现实数据与预测、计划数据进行对比，从而做出判断，从这个意义上说会计工作是财务管理的基础。

财务管理既是会计核算的延伸，也是一门相对独立的科学，它更多地体现了时代的要求。市场竞争、组织分散、规模庞大，迫切要求我们重视财务管理工作。但只重视财务管理，不重视会计核算，从理论上讲就是人为地割裂财务管理和会计核算之间的依存关系；从实践上看会计核算搞不好的地方，财务管理也搞不上去。这就如同搞工程，虽然地下基础部分不决定建筑的使用功能，也不代表建筑的水平，但你就得从基础开始，就得把基础搞牢靠。我们荣获"鲁班奖"的工程，哪一个是凌空建筑的？哪一个不是矗立在坚实而牢固的基础之上的？财务管理也必须建立在科学、规范的会计基础工作之上。

现在一些地方搞管理，表面文章做得不错，制度一大打、各种资料漂亮得很，大都是些应景之作，拿出来让门外汉看热闹，推敲不得、深问不得、细查不得。制度不约束行为、政策不来自实际，这种虚假的东西不是我们要讨论的。

（三）会计报表工作是一项政策性、专业性很强的工作

会计工作讲的就是照章办事。无论是会计监督还是会计核算，无论是记账、算账还是报账，都一样。我工作了这么多年，还不知道会计工作哪些方面是没有规章约束的。我经常听到有人抱怨"你们财务人员能不能灵活一点"。我想这涉及两个问题：一是该不该灵活，二是怎么灵活。与法律、规章、制度相抵触的灵活，就是违法乱纪，违法乱纪的事我们不能做。我们会计人员要认识自身的工作性质，不要苛求自己成为一个"灵活"的人。学好政策、法规，做个明白人，那才是最重要的；充分利用政策、法规，为企业做点实事，那才是职业正道。现在有些人"灵活"得很，图其所好随意调节利润，向不同的使用者提供不同的报表，甚至编制虚假报表，自以为左右逢源，得意非凡，这不值得效仿。

报表工作技术性很强。整个会计体系，就是围绕财务报告展开的。一个学院出身的学子，要成为一个合格的会计人员，也得有个三年五载，他们得了解企业的组织结构、施工生产特点、会计信息加工处理的流程，熟练操作本企业的会计实务；他们得学会和别人打交道，处理工作岗位之间的联系。在成功地经历了上述锻炼之后，一个会计人员走上报表工作岗位

才是合适的。即使是这样，这个会计人员要成为一名合格的报表工作者，还有一段相当长的路要走。他得学会报表的各种编制技术，学会审核基层报表是否真实、合法，进而学会通过分析、利用会计报表判断企业的财务活动是否正常，进而深化开去，抓住问题根源，提出管理建议。

现在，有些人刚从学校出来，就被安排在报表岗位上。实际上，他只是承担整个报表工作中极其简单的一两个环节，这样揠苗助长对一个会计人员的成长是不利的，对提高会计报表的质量也是没有好处的。我希望我们的财务科长要认识这一点，作为报表工作者也要认识到这一点。

（四）会计报表是考核评价企业生产经营能力的依据

上级对下级的考核，组织对领导的考核，各种评先、奖优，内部承包兑现，都离不开对企业生产经营能力指标的考核，都离不开会计报表。一些思想不健康的企业领导通过操纵会计报表沽名钓誉，捞财避灾，结果是坑了企业，害了百姓，祸了国家，好了自私自利的人。

长期以来，国家会计法制乏力，社会、政府监督不严，企业内部控制虚化，官僚主义严重，导致会计信息严重失控，已经严重危害国有企业的管理的各个方面和各个层次。因此，会计报表工作的重要性不仅表现在它的使用价值，还表现在虚假报表数字的危害性上。

会计工作实践表明：虚盈实亏是存在的，寅吃卯粮、卯吃寅粮是很普遍的。企业承包经营年度考核显示：数字就是金钱。人事考评实践表明：官出数字、数字出官不乏其例。假数字使企业分配失去了公平的尺度，使各种评先、奖优失去光彩。虚报浮夸之下，一些政绩平庸者逍遥自在，政绩极差者得过且过，有些甚至飞黄腾达。

数字是神奇的。操纵数字是一种足以炫耀的能力。我们有些会计人员或是屈于压力明哲保身，或是趋炎附势投其所好，或是不学无术被人利用，制假、造假，丧失了会计人员起码的职业道德，这些人迟早会玩火自焚。

（五）会计报表工作是一项风险职业

会计信息是社会共享的重要信息资源，会计报表是会计信息的载体，是商业社会的共同语言。

在我国，国家通过立法的方式要求会计人员以独立的立场、客观的态度和专业判断，按照公认的会计准则和法律、规章编制真实、完整的会计报表，以此维护会计语言的纯洁和保障会计信息的真实、有效。特别是2017年11月4日第十二届全国人民代表大会常务委员会第三十次会议修订的《中华人民共和国会计法》、2000年6月21日国务院公布的《企业财务会计报告条例》，更是为规范企业财务报告、保证财务会计报告真实完整提供了健全的法律保障。《企业财务会计报告条例》第三十九条、第四十条规定了对不按条例要求编制财务会计报告的5种行为及编制和提供虚假的或者隐瞒重要事实的财务会计报告行为应负的法律责任。这表明，会计职业不仅有一般的职业道德风险，还有很大的法律风险，我们确实是应该谨慎从业啊！

我以为，从事这项工作的老同志要注意保持晚节，争取光荣退休；年轻同志要谦虚谨慎，脚踏实地走向成熟；中年同志要懂自尊、自爱、自强、自律，做一个合格的会计工作者。

二、如何做好会计报表工作

许多人都认为，会计报表工作是一项较为烦琐、枯燥的工作。刚从事这项工作时，还有一点新鲜感，等到基本东西一会，就成了一种机械性的工作，毫无乐趣可言。因此，我认为要做好会计报表工作，报表工作者首

财务审计工作思考

先要有"干一行，爱一行，兴一行"的职业态度，否则你就会"干这行，厌这行，误这行"；其次要有追求事务完美的理念，永不满足，不断推陈出新，否则你的工作就没有动力；最后要有钻研精神和成就感，要能够在平淡中寻找职业乐趣。这是保持职业兴趣、实现职业理想的起搏器，它使追求成为一种动态的和连续的过程。要做到这三点，事实上是很困难的。

但我始终相信：没有一项优秀的工作是在强迫下完成的。优秀的工作来自我们自身的追求。今天，我在这里谈谈如何做好报表工作，不在于教大家怎么做，真正的用意是想激起各位内心世界的那一份追求。下面是我对如何做好报表工作的思考，与大家分享。

（一）会计报表的设计必须充分体现会计报表的特点

设计会计报表体系是会计报表工作的首要环节。现在，财务部门报表种类很多，会计报表是其中最有强制性的定期报表。我们设计会计报表，一定要繁简适当，一定要注意会计报表的特点，一定要考虑和其他报表的区别和衔接。现在，上级一方面对会计报表的期望过高，另一方面对会计报表现状感到失望。基层财务人员一方面感到会计报表太多，另一方面又觉得报表不够用。出现这种局面的主要原因是在报表设计时要求会计报表能提供更充分的管理信息。随着财务管理精细化，管理报表和会计报表必然分离，会计报表的设计就可以回归到它本来的位置。

会计报表具有科学性、系统性、完整性、概括性和层次性的特点。报表内部指标排列有序，报表之间主次分明，钩稽关系清楚。它的数据主要来源于账簿记录。它主要履行的是"观念的总结"职能，它履行分析职能主要是采用比较会计报表的形式。它的表达方式干练简洁，决不拖泥带水。

《企业财务会计报告条例》在第二章财务会计报告的构成中规定：财

务会计报告分为年度、半年度、季度和月度财务会计报告。年度、半年度会计报表应当包括资产负债表、利润表、现金流量表及相关附表。季度和月度财务会计报告通常仅指会计报表，会计报表至少包括资产负债表和利润表。年度、半年度会计报表至少应当反映两个年度或者相关两个期间的比较数据。这些都是我们在设计会计报表时应该遵守的。

（二）会计报表编制必须以会计账簿记录为基础

"报表工作功夫在账上"。首先，会计账簿本身就是分类加工报表信息的工具。做好了建账、记账、算账和结账工作，编制会计报表就像是水到渠成那样自然。其次，会计报表的真实性、合法性最终要体现在会计账簿的记录上。账本上没有不合法的记录，账本上记录的资产、负债、权益、收入费用经过清查证实是真实的，根据会计账簿编制的会计报表自然也就合法了、真实了。最后，会计监督和会计核算过程是日积月累的事情，而编制会计报表就一两天的事情。因此重报表就必须重核算、重账簿，说到底就是重过程。

会计核算中常见的毛病是往来金额对不上、收入成本不实。因此我们不仅要算账，也要对账、读账，通过账簿记录的真实性保证会计报表数据的真实。

《企业财务会计报告条例》在第三章财务会计报告的编制中规定：企业编制财务会计报告，应当根据真实的交易、事项以及完整、准确的账簿记录等资料；企业在编制年度会计报表前，应当全面清查资产、核实债务，清查、核实的结果及其处理办法向董事会或者相应机构报告，并根据国家统一会计制度的规定进行相应的会计处理；企业在编制年度会计报表前应当对账、结账和审查；企业应当按照国家统一会计制度的规定，根据登记完整、核对无误的会计账簿记录和其他有关资料编制会计报表，做到内容完整、数字真实、计算准确，不得漏报或任意取舍。所有这些规定都是对表与账、过程与结果规律性认识的法律总结。

（三）会计报表附注在细微处见功夫

报表附注是为了帮助会计报表使用者理解会计报表的内容而对报表的编制基础、编制依据、编制原则和方法及主要项目等做的解释，是会计报表的补充。主要是对会计报表中不能包括的内容或者披露不详尽的内容做进一步的解释说明。

通常情况下，会计报表附注包括：

1. 企业名称、法律形式、成立时间、业务性质以及使用的货币单位名称；

2. 会计政策说明；

3. 会计政策和会计估计变更说明；

4. 为说明报表项目明细金额和分类方法增加的必要补充资料；

5. 或有和承诺事项的说明。

会计报表附注项目具有相关性、注释性、重要性和客观性的特点，这些特点可以帮我们判断哪些项目需要注释，哪些项目不需要注释；可以评价一个附注项目注释充不充分、简不简明。会计报表附注项目有一定的规律可循，附注项目的排列也有一定的顺序，附注项目的表达方式主要采用固定的格式，简单清晰，一目了然。这些是会计报表附注的共性。

但具体到为一个企业编会计报表附注，还要考虑企业组织形式、业务性质、报表类型和报表主体项目等个性差异。会计报表附注并不是千篇一律的，我们要用心揣摩，在这种看似简单的事情中找到职业兴趣，在共性之中奉献个性精品。

《企业财务会计报告条例》在第二章财务会计报告的构成第十四条中规定：会计报表附注至少应当包括：1. 不符合基本会计假设的说明；2. 重要会计政策和会计估计及其变更情况、变更原因及其对财务状况和经营成果的影响；3. 或有事项和资产负债表日后事项的说明；4. 关联方关系及其交易的说明；5. 重要资产转让及其出售情况；6. 企业合并、分立；7. 重大投资、融资活动；8. 会计报表中重要项目的明细资料；9. 有助于理解和分析会计报表需要说明的其他事项。这些项目都是我们在编制会计报表附注时不能忽视的。

（四）财务情况说明书重在分析

财务情况说明书既是对会计报表的加工利用，也是对会计报表的补充。财务情况说明书是一种财经应用文，主要用比较说明的方式，说明企业财务情况的关键问题，帮助报表使用者从整体上准确把握企业财务情况。它本身不代替报表使用者的分析判断。它只客观地表述财务情况的变化和变化的原因，并不直接做出好坏、优劣的评价。

财务情况说明书一般包括：1. 主要经济指标的完成情况；2. 资产、负债、权益的总量变动；3. 利润及利润分配情况；4. 综合财务指标的增减变动；5. 综合陈述。财务情况说明书不能只说结果，不分析原因。把增减变更的原因分析清楚，是财务情况说明书的关键所在。

长期以来，财务情况说明书内容和会计报表附注项目界限比较模糊。我个人认为属于对表内、表外个别项目进行注释性的项目都应列入会计报表附注，附注项目之间没有内在的联系。财务情况说明书的项目是围绕对企业生产经营的基本情况、财务状况、经营成果和现金流量进行总体说明、分析和评价这个主题进行裁剪的，项目之间存在内在联系。

《企业财务会计报告条例》在第二章财务会计报告的构成第十五条中规定：财务情况说明书至少包括：1. 企业生产经营的基本情况；2. 利润实现和分配情况；3. 资金增减和周转情况；4. 对企业财务状况、经营成果和现金流量有重大影响的其他事项。

（五）会计报表的审核，是会计报表质量的保证

没有审核，就没有质量；没有质量，就证明审核走了过场。

报表质量的基础在项目。公司一定要加强对项目报表的审核，把问题消灭在底层。报表审核工作重点通常是对当年重大会计政策变化执行结果审核，对重大财务事项处理结果的审核，对资产负债项目异常变化的审核和对效益上大盈大亏、增收减效的审核；此外对待摊费用、预提费用、折旧、摊销、坏账准备金等非付现成本进行例行审核把关，对还有无期初数、无上年同期数以及空项、漏项和表间计算关系等问题进行复核。

《企业财务会计报告条例》中对会计报表审核没有具体要求，但它对财务会计报告编制的要求是明确的，这也就为报表审核指明了方向，明确了要点。同时《企业财务会计报告条例》也明确规定了企业负责人对本企业财务报表的真实性、完整性负责，这就自然导入了审核机制。

（六）报表工作组织是集团企业报表工作的关键

要做好集团企业报表工作，关键在于做好组织工作，这是由总体和个体之间的矛盾决定的。基层单位都有自己的报表编制人员，每个人都有自己的高招，这只是工作的基础，没有很好的组织工作做保障，集团企业报表工作还是做不好的。这就如同"大合唱"这样的文艺节目，即使每个人都是一流的歌唱家，没有集中训练，没有统一指挥，各唱各的，也必然会乱作一团，不堪入耳。

在长期工作中，我们形成了以年度财务决算为切入点的一套报表工作组织管理方法。每年我们结合当年财政部、总公司和局对年度财务决算的要求抓住工作重点，结合本单位的实际抓住工作难点，把贯彻国家财经政策、法规和总公司及局的各项财务政策及要求具体化、文件化；详细编写财务报表编制说明，统一数据填报口径，统一制作软件系统的报表格式，提高整体工作效率；紧紧抓住会计核算过程质量和财产清查工作这个根本，把会计报表的质量建立在科学、规范、扎实的基础工作之上；始终强调报表分析、报表审核等内部质量控制措施，明确要求单位的财务机构负责人、总会计师必须以高度的敬业精神负责报表的审核工作；认真开好事前决算布置会以提高工作的预见性和事后决算会审会以增进组织的学习风气和提升组织的专业能力；加强事中沟通和进度控制，提高工作成效和保证上报时间。这些方法被证明是行之有效的。

三、当前会计报表工作存在的几种错误思想

当前会计报表工作中存在的问题很多，从不同的角度看有不同的提法。

比如：报表工作人员的素质问题，会计核算规范问题，部门之间报表数据协调问题，报表工作组织问题，领导重视问题，还诸如：编制技术、指标口径、钩稽关系等细节问题，但我本人认为，最根本的问题是人的思想问题，是我们对报表工作的认识问题。

现在，有多少领导重视报表工作，有多少会计主管认真抓报表工作，又有多少会计人员愿意或者认真做报表工作，这是必须引起高度重视的。

对报表工作的认识问题不解决，我们的整个会计工作都会受到损害，财务管理这座大厦的基石就会坍塌，我们企业领导、会计主管、会计人员

就会犯错误。在这里，我想谈一谈对几种错误的认识。

一是：在财务负责人那里流行的报表工作过时论。这种观点认为，报表工作，作为向国家报账的方式，对计划经济时代是重要的，现在是市场经济时代，企业要生存、发展，关键要提高企业核心竞争力，什么有利于提高企业的核心竞争力就做什么。现在财务部门有三项前卫性的工作：资金、预算、成本管理工作都是有利于提高企业核心竞争力的，财务部门的工作重点应该转移到这三项工作上来。报表工作在这个时代，已经不那么重要了，可以放一放。这种观点的前提是正确的，但结论是错误的。

二是：在报表工作者中流行的报表工作无为论。这种观点认为：报表工作是一项传统的工作、传统的科学、传统的事。一个人从学校出来，参加会计工作，一干就是几年、十几年，日复一日，年复一年，翻来覆去就是那些事，人人都在做，人人都能做，自己觉得做得还不错。要深入不知如何下手，对付过去也很容易；做好了是应该的，做不好也没有谁去深究，平平淡淡，枯燥乏味。这是一种消极颓废的混岗思想。

三是：在企业负责人中流行的报表工作自缚论。这种观点认为：会计工作是一种束缚，报表工作也是一种束缚。报表要合法，违法乱纪哪里藏？报表要真实，虚盈实亏怎么搞？所以得出：报表做得好，无疑自套牢；报表工作乱，乱中图自在。这是一种十分危险的思想。

正是上述的错误认识造成了少数领导不重视报表工作，部分会计主管不抓报表工作，一些会计人员不愿做报表工作的局面。

我希望在座的各位能够坚持正确的思想，反对错误的认识，踏踏实实地做好报表工作。

在结束这次讲话之前，我想对大家说几句真心话。

第三章 工作思考与感悟

我们是同行,我们选择了这份职业,不管我们愿不愿意,喜不喜欢,总之,我们中的绝大多数人要在这个行当里干一辈子,直到退休。工作,是谋生的手段。但工作,对于我们职业工作者,并不只是为了满足简单的生存,我们有自己的职业理想、信念和追求。我们要为我们的职业身份和职业光荣去努力,不要辜负了我们最初的梦想和曾经洒下的汗水。

探索未知,是人与生俱来的本能,也是人生一大乐事。把这种本能同我们的工作结合起来,抛开一切功利思想,用心观察工作、研究工作、体味工作,也是人生的一种享受。不要强求物质的报答,工作本身就是一种报答。

我们生活在一个职业群体里,有人在从事研究,有人在从事教育,我们在做实际工作。实际工作者是这个群体里最庞大、最有活力、最有创造力的一族。我们要把自己融入到群体中去,相互学习,取长补短,共同进步。

时代在发展,市场经济在不断完善,会计理论研究、会计法制建设空前繁荣,会计工作越来越受到重视,会计工作前途一片光明。回首过去路漫漫,如今光明在眼前。我们要发扬遵纪守法、勤学肯钻、吃苦耐劳的优良传统,迎接会计工作者的美好明天。

各位同人,我今天的讲话,没有涉及很严肃的话题。我想,我们在现实和法制的冲突中生活得已经太久,严肃已经成为会计人员的一种特质,我不想在这里加重这种情绪,试图用一种轻松的方式来谈这项工作。希望这个讲话能够引导在座的各位在长期极端烦琐和枯燥的工作中寻找一点激情,在默默的奉献之中找到职业工作者的价值,在迷茫之中看清前进的方向。

这个讲话,与其说是一个报告,不如说是一个职业工作者的自白,我声明无意将这些观点强加给任何人，只想和大家做心灵的沟通，希望大家不要为说教所禁锢，解放思想，做一个自由而快乐的专业人。学问辛苦事，小成则大喜，不问名与利，乐在钻研中，我希望我们当中有更多的人具备这种精神世界。

最后，希望大家学习愉快、学有所获！

| 第三章 | 工作思考与感悟 ◎

第二节　九年总会计师工作总结和思考

一、财务工作总结

（一）财务工作指导方针

1. "依法纳税，规范运作，诚信理财，不做假账"的财务工作方针；

2. 培养"有道德、有纪律、讲诚信、重操守"的财务队伍的队伍建设方针；

3. "遵守制度、服务基层、高效快捷"的片区财务服务工作的方针。

（二）会计机构和会计人员的管理

在机构管理方面主要是订目标定方向建体系。

在会计人员的管理方面：

1. 人人都用，用其所长；

2. 适时调整，全面发展；

3. 倾其所能，培养部属。

在干部选拔方面：

坚持业绩突出、群众认可、思想进步的用人标准。坚持危难险重选干部的选人方法。坚决不用三低干部（低标准、低效率、低业绩）。

在年度工作管理方面：

1. 在缕清财务工作的一二三四基础上，责任落实到人。

2. 采用目标管理、PDCA 循环、销项管理进行过程控制。通过表单固化、流程固化实现规范化。

3. 以定期工作带动日常工作，以日常控制实现风险防控目标。

4. 把重点工作做深、做足、做透、做亮。

（三）会计核算规范化

1. 公司和项目两个层次的核算规范化；

2. 公司层次的核算：片区服务业务、公司管理业务、经营承包业务、上下级往来业务、保函保证金业务、联营工程、总承包工程的核算。

3. 项目层次核算：自营项目生产要素的核算，收入成本利润的核算。

（四）财务会计工作程序化

1. 财务收支签批的程序化；

2. 会计处理的程序化。

（五）检验财务工作的标准是"五个满意"

1. 本单位领导满意；2. 上级主管部门和主管领导满意；3. 职能部门满意；4. 关联单位满意；5. 项目经理部满意。

（六）抓好财务工作的"十个为"

1. 财务理念为魂；2. 资金管理为要；3. 增收节支为途；4. 民主理财为宝；5. 制度建设为本；6. 预算管理为纲；7. 经济核算为据；8. 绩效考核为实；9. 审计监督为证；10. 队伍建设为力。

（七）部分论述

1. 财务理念为魂的论述

一个公司要有一个共同的财务管理理念。财务管理理念是财务工作的指南。总公司提出"企业管理以财务管理为中心，财务管理以资金管理为中心，资金管理以现金流量管理为中心，实现利润最大化和经营活动现金净流量最大化"的财务管理理念，为财务工作指明了方向。企业管理是现代生产力的新要素，是先进生产力的代表。"企业管理以财务管理为中心"，实现了企业管理以产品管理为中心到以价值管理为中心的转变，顺应了市场经济发展的新要求。"财务管理以资金管理为中心，资金管理以现金流量管理为中心"，阐明了现代企业的风险主要是财务风险，财务风险的主要表现是资金链的断裂。"实现利润最大化和经营活动现金净流量最大化"直接表达了投资者的直接目的，再现了企业本质。事实上，企业本身就是由资本做成的一台追逐价值增值的机器，企业管理本质上就是财务管理，管理的目的就是实现资本增值。因此，我本人认为总公司提炼和概括出的这一财务管理理念是先进的、科学的，是我们的宝贵财富。我们要倍加珍惜它，努力实践它，在实践中不断地丰富和发展它。我们公司领导在管理实践中提出的"可自由支配资金最大化"是对公司资金存量质和量的新要求，表达了公司对资本积累的迫切愿望，是实践总公司财务管理理念取得的一项新成果。

2. 民主理财的论述

没有民主管理，就没有科学管理。在这个专业分工高度发达的时代，只有专业的，才是最好的。专业分工，产生了专业科学，形成了专业教育，造就了专业人才。把专业管理人才的知识、技能和智慧聚合成企业的综合能力，要依靠民主管理的机制。现代企业财务管理也是高度专业化的。财务部门是一个综合部门，主要负责资金管理和会计核算，而企业人、财、物等生产要素的管理和核算以及收入和成本的管理和核算通常都归属在不同的专业职能部门和经济实体里，因此企业的财务管理也要依靠民主管理的机制才能做得最好。

在现代企业里，企业通常设置专业职能部门管理经济事务；建立责任中心，化小核算单位，细化管理对象；建立重大经济事项集体决策的制度；落实领导班子分工负责制度，这些都是从体制上落实民主理财的具体形式。

实施民主理财，有两个规律是必须强调的。一是财务管理的压力是从上向下传递的，这就要求，财务指标必须由上至下层层分解，权力从上向下行使，各级领导干部是首要责任人。二是财务管理的责任是由下至上解除的，这就要求我们，制订计划要由下至上，不能脱离实际。执行计划，要依靠下属。

3. 预算管理的论述

"预则立，不预则废"。全面预算管理是管理者意志的集中体现，是财务管理的目标地图，是绩效考核的尺度。中长期预算、年度预算是预算的基本形式，月度、季度预算是预算控制的基本手段，机关费用预算包干、项目全额承包、经营费提成办法是预算管理的方式和方法。公司根据工程局下达的指标编制了年度预算，公司与项目签订了项目全额承包合同，公司的预算管理工作模式正在形成。

二、总会计师职位的思考

（一）总会计师的职业使命

一个财务老总留给企业最重要的财富有三：运转流畅的财务秩序，能力不断提升的财务人员，行之有效的管理方法。财务老总要通过建立和完善企业的财务管理秩序和推行财务管理方法来提升财务人员的能力，对工作人员在工作上要严格要求，要做好传帮带的工作，自觉为企业培养财务干部。这样，企业的财务工作才能与时俱进，不断发展。

（二）委派总会制度性质

委派总会制度是当前企业治理结构的一种形式。委派总会的监督是通过这种治理结构形成的制约机制自然实现过程监督的，而不是通过开展职能工作来实施监督的。因此，委派总会制度的核心是要确保委派总会能正常参与领导班子的工作，能领导财务部门的工作，始终处于重大财务事项的过程当中。因此，作为委派总会，一定要为公护位。

（三）总会计师的工作任务。

1. 要为公护位。

2. 两个负责，向上倾斜。

3. 上下沟通，良性互动。

4. 摆正位置，注意方法。

5. 培养部属。

（四）委派总会和行政领导的关系

委派总会与主要行政领导的关系是支持而不是支配，是协助而不是主办，是监督而不是替代，始终是处于从属的地位，但也是独立的领导职位。因此委派总会首要职责是支持行政领导的工作，维护行政领导的权威，当然更要维护班子的团结。在监督方面，主要是维护财务制度、财经纪律和财务工作秩序。因此，在实际工作中要学会让步，要坚持融合—斗争—融合的方针。

（五）处理各种关系和各种事务的一般方法

总是以退为进的策略比较好，总是楔子的精神比较好，总是坦荡的胸怀比较好，总是大公无私的情怀比较好，总是顾全大局的品质比较好，总是情理法结合处事比较好。

（六）处理原则问题的方法

总会计师不仅需要立场，也需要方式方法，更需要摆正自己的位置和心态。在处理原则性问题时，坚持"五要五不要"，效果还是不错的。要坚决，但不要生硬；要坚持，但不要纠缠；要反对，但不要乱讲；要忍让，但不要妥协；要等待，但不要放弃。

（七）总会计师个人修养

要为公护位，不要为私谋位；要因责用权，不要因利用权；要取阳光之利，不收非分之财；要清清白白理财，老老实实做人，把心思用在研究新业务、适应新发展、建设合格队伍、提高业务水准上。

（八）部分论述

1. 向上负责的内涵。实现主要对局负责的根本要求，就是要始终维护局的财务制度，始终坚持重大事项汇报制度，始终贯彻局的指示要求，确保无重大财经违纪行为，确保不出现会计工作混乱，确保完成局的资金上缴。同时在处理重大问题时必须向局请示，这是委派总会和其他领导处理问题时的重要区别。

2. 向下负责的内涵。实现对派入单位负责主要是指要围绕实现公司的财务目标组织本单位的各项财务工作，做到与公司领导班子目标相同，步调一致，共赴危难，共担责任。这是委派总会和其他领导的相同之处。

| 第三章 | 工作思考与感悟 ◎

第三节　在 2008 年财务工作会上的讲话摘要

一、关于我们的财务管理体制

财务管理体制是财务工作体系的第一要素，是财务工作体系运行的物质基础，了解我们的财务管理体制对大家是十分必要的。这个体制的核心内容是在重大财务事项决策层面，最小决策单位是两人，就是公司总经理和公司党委书记。在财务支付核准方面，实行的是公司／项目行政负责人"一支笔"。在执行层面，公司财务部有独立的执行权，财务经理有绝对权威。在纵向管理方面，大家可以看到我们纵向管理的责任书是部门经理和经理部的财务负责人签订的，年度财务工作报告是部门经理做的，从工作部署到日常操作再到工作报告，整个流程都是由财务经理来完成的。

这个体制表明：在决策方面没有一个人说了算，在确认方面不存在没人签字，在执行层面不存在多头领导。总会计师处在决策层和执行层之间，按制度规定是企业的财务负责人，日常工作主要是搞组织、协调和督办工作，参与签署财务计划、预算和报告以及重大资金支出。

我希望财务部在履行执行职能的时候，不要自行处理例外事项和重大事项，该请示的要请示，该汇报的要汇报；在执行总经理批示时，不要忽略了各主管领导和总会计师的职权；特别要注意的是对法律、规章、制度层面问题不要个人化，人为造成不该发生的矛盾和冲突。

财务审计工作思考

对预算外支付事项，按总公司制度规定是先增加预算，再按预算内事项管理，这样来看所有支付最后都必须纳入预算框框里去。

另外我要说的是委派总会计师不同于外派董事，也不同于监事，也不是财务总监，我们不要有意无意地往上面靠，这样会带来一些观念上的混乱，影响对财务管理体制的正确把握。

二、关于我们的工作目标

我们这次制定的目标，充分体现了实事求是、与时俱进的要求。这次确定的各经理部财务工作目标是不一样的，所立的标杆也是不一样的。对公司财务部的要求要高一些，对经理部的要求要低一些，这是符合实际情况的。我去年提出管理分为由低级到高级三种形态：一套成熟的做法，一套书面的体系，一套可复制的模式。这三种形态，可以看成是三级台阶，我们要努力跨上更高的台阶，最后形成稳定的模式。我们在实际工作中不仅要立足当前，同时也要注意和长远目标的协调。

三、关于我们的职业态度

我们对我们的职业要有敬畏之心、崇尚之情。财务工作本质上是处理分配关系和解决资金供求关系。我们绝大多数人仅从事务的角度来看待财务工作，没有发现财务工作的真正价值。财务工作一部分是在企业的价值链中的，比如资金运作和税收策划；另一部分是在管理循环中的，比如决策支撑和风险控制；还有一部分是社会责任和国家责任。因此无论是价值增值还是风险防范，无论是决策支持和过程控制，无论是诚信理财还是依法纳税方面我们都是可以有所作为的。我们的工作对领导决策、对企业管理和效益、对社会和国家都是重要的。只要坚持从价值的角度去理解具体的财务工作，我们的工作便有了意义，我们的职业观念便有了境界，我们对职业的态度就会发生改变。

四、关于财务工作体系

我们一定要下决心做体系。你们看那些连锁店，一年可以成立上千家，三年可以达到一万家。我们呢，现在可以说是怎一个"愁"字了得，增加一个自营项目我们都怕。原因在于别人有完整的体系可以复制，我们就缺这个。对财务工作的组织体系、责任体系、业务流程、预算体系、核算体系、分析体系、风险管理体系都要认真梳理、总结、培训、推广。在体系建设和体系运行上，要借鉴生产管理系统和政工系统管理手册的设计思路，引进工作计划清单编制方法，实施计划的动态管理，吸收计划项目销项控制技术，推进工作成果资料化。

五、关于财务负责人

财务负责人是企业的中层干部，是财务工作的中坚力量，是必须要挑大梁的。但是我们的财务负责人年龄偏大，在接受新知识、推动新工作方面是一个劣势；但他们阅历丰富、资历老，可以成为这个团体的主心骨，这又是一个明显的优势。每个财务负责人都要善于扬长避短，诚心诚意团结部下，切实发挥每个财务人员的长处。要坚持"用人所长道其长，知人所短防其短"的用人方法，要多承担青年人成长中的过失，要认识到他们有能耐比我们自己有能耐更重要，公司的未来毕竟是要靠他们去拼搏的。

六、关于财务人员的培养

我们培养财务干部主要着眼于财务人员业务能力的全面发展。落实财务人员休假制度需要这个基础，选拔公司、经理部和项目财务负责人也需要这个基础，财务工作体系建设更需要这个基础。现在每个机构的人数只有3～4人，一人多岗。勤换岗位能够加速财务人员的成长，所以一定要有计划地实行轮岗。为了提高效率，减轻每个人成长压力，我提倡做什么，讲什么，大力推行互惠式教育，人人都来当老师，人人都来当学生，教自己所做的，学别人在做的，使财务人员在这种环境中快速成长、健康成长。

七、关于与片区单位的财务关系

我们的财务人员一定要有片区的胸怀和片区情感。尽管我们与片区兄弟单位没有财务管理关系，但公司客观上存在区域属性和区域职能，因此我们财务人员大脑中要有区域概念。对共用局牌照投标和中标后施工阶段的资金收支活动，在不影响资金集中管理的总要求下做好服务工作。

在做好服务工作的同时，我们不要忘记来自兄弟单位的无私帮助。公司的生存和发展依靠兄弟单位的支持，我们财务工作的进步也受惠于兄弟单位。我们一些东西是私下求教来的，是从交流和观摩中获得的，我们应该感谢他们。

第四节 在 2009 年财务工作会上的讲话摘要

一、强化成本费用控制，应对金融危机

按局的要求，今年机关管理费用总额要零增长，我们要制定一些具体措施来落实这个要求，更重要的是大家要有节约意识。这些年在费用控制方面，我们也采取了一些措施，更主要的是领导干部和职工有自觉，这一点我的体会还是很深的。因此，搞几条硬性的措施应该是比较容易见效的。在成本管理方面，我们要尊重科学，对规定动作要做到位，但不能搞形式主义。重点是搞好标价分析，知道投标清单项目的盈亏；落实生产要素招标采购，控制采购价格；做好质量和安全工作，减少质量和安全支出；研究科技创效措施，现场签证结算工作，努力化解成本风险，增加项目效益；搞好业主关系，争取更大利润空间和工程款的尽快回收。

财务部门尤其要及时反馈成本信息，比较准确地反映项目施工过程中间的实际盈利水平。我们知道这个工作本身不能起到降本增效的作用，但是它的降本增效结果是中间控制、考核的先决条件，所以一定不能忽视这项工作。在成本核算实战中，保证过程成本信息和项目实际盈利信息的真实准确程度是有相当难度的。项目成本核算结果准不准应该成为评价项目成本员技术能力高低的第一标准。

二、自觉坚持排头兵标准，努力建设示范性机构

过去我们努力的目标是达到局集团的基本要求，这个目标应该说是达到了。下一步我们要力争成为片区优秀的财务机构之一，为此我们必须自觉坚持排头兵的标准，努力建设示范性财务机构，力争对片区分公司这个层次的财务工作有所贡献。

当前要特别强调做优秀的执行者（根据整体规划，今后制度会建在集团这个层面）。对上级布置的工作要不折不扣提前完成，对领导布置工作要雷厉风行及时办结，对资金收支工作要主动、热情、灵活，讲求效果，对制度层面的具体要求要结合具体业务进行流程固化和记录格式固化工作，对管理面临的具体问题要积极稳妥地进行处置，一定要达到"外有好口碑，内有好品质"，既要经得住评，又要经得住"品"。

三、面向企业发展，培养财务干部

财务干部是财务工作的领导力量。我们要坚持把业务骨干培养成党员，把骨干党员培养成财务干部，始终保持财务干部的先进性，推动财务工作不断迈向新台阶。

这些年根据公司财务人员的现状和公司业务发展要求，我在不同年度对财务人员业务能力建设提出过一些的具体要求，如：加强财务部能力建设和作风建设，提出首次实践能力的命题，强调重点培养处理全盘业务的能力，自觉修炼独当一面的能力，这些要求引导了大家的成长，特别是这几年改制上市工作锻炼了大家，公司的业务发展也给大家提供了锻炼舞台。这几年大家的业务能力的提高，工作作风的好转是外部看得见、自己感觉得到的。

现在进入了干部的选拔期，我特别希望大家要有强烈的成长意识。从现在开始在财务人员的管理上，不是重在使用，而是重在培养，要大力培养财务干部。

我希望我们的财务干部要做有组织观点的干部、有群众观点的干部、有创新实绩的干部、有综合素质的干部。没有组织观点，就不会有执行力；没有群众观点，就没有公信力；没有创新实绩，就没有使用价值；没有综合素质，就没有竞争力。

为了财务人员的全面发展、健康发展，对岗位轮换的事再讲几点意见：每个财务岗位都是财务干部成长的一个台阶，每个岗位的经历对财务干部的成长都是必要的，岗位之间是没有等级的，只有职责的不同、要求的不同。财务人员不要把一个岗位作为自己长期职业目标，这是不符合领导希望的，直接讲就是不符合我的希望。作为财务人员要尽快在自己现在的岗位上"毕业"，作为财务负责人要尽快安排"毕业"的同志到新的岗位上工作。我建议岗位工作时间一般情况下定为3年。我希望每个人都能得到全面发展、健康发展，这样公司的事业才会真有希望，员工个人才会真有幸福。

我这个人表面上是很随意的，但对财务干部我是非常渴求的，对财务工作达到比较理想状态的愿望是非常迫切的，我希望长江后浪推前浪，一批更比一批强。

四、服务项目工作，梳理业务流程

今天要特别讲讲这件事情，一是局集团希望这件事由基层做起，我认为这是切合实际的；二是梳理业务流程是解决权责不清、记录不规范的最好切入点，这项工作要重点铺开。对业务流程建设我谈几点意见：1. 先从服务于项目的事项做起，因为这一块问题最突出、最迫切、最困难；2. 写作方法采取文字描述的方法，那样自由些、灵活些，可以借鉴市重点办的做法；不采用绘制流程图的方法，那样太学术、不通俗，但绘制流程图可以作为我们梳理流程的工具；3. 与流程相关的资料和记录格式要配套进行；4. 每个流程要清楚"整个流程分多少步，每一步由谁做，做什么，在什么时间、什么地方完成"；5. 记录格式要精准到实际使用过程中不需要修改，如果需要修改就应该视为一种新格式。

五、明确项目收款责任，做好资金平衡工作

我过去讲："用有钱的思路管钱，就会越来越有钱；用没钱的思路管钱，就会越来越没有钱。""钱的问题，不能靠钱解决，要靠思路去解决。""有钱的思路，就是以收定支，先收后支，多收少支，快收快支。""项目该花的钱一定要花，项目收的款留一部分给公司用。"这些话我不敢到处讲，因为眼下没钱的单位很多，缺钱的机构很多，花钱的部门很多，难收钱的项目很多，说这样的话是要挨骂的。

客观上讲工程项目都存在一个铺底的资金和盖帽的资金，这两个钱要靠公司解决，其他时候项目上资金应该富裕。

资金平衡工作必须立足于合同。公司要想变得有钱，首先在合同环节就要有资金节余。对总分包合同、材料供应合同中的资金支付条款财务经理要把关，物资经理、经营经理要负责落实。很多资金缺口是在合同环节就已经形成了，项目即使每期及时收到了工程款，也无法满足项目资金支付。对现付成本费用，可以通过集中定点的方式，变现付为定期结算来缓解资金收支的矛盾。

在资金管理上，我始终强调收款是财务工作的头等大事，项目要搞资金收支计划，部门要节约支出，物资经理、经营经理就得在资金有限的情况下办事，财务部就要满腔热忱去做"得罪人"的事，这些话是有针对性的。

六、谋求专业进步，服务片区发展

我在片区工作几年，对片区是有感情的。片区的概念是工程局提出的，片区管理是局集团对各区域分公司的要求，这项工作还会加强。我们片区过去在专业方面是领先的，现在也还是比较先进的，所以我们有了向大家学习的便利。由于我们公司年轻，起点比较低，加上本人基层工作经历有限，部门人力单薄，几年来我一直坚持"人在片区，服务片区，学习片区"的片区工作思路。因为无以为报，所以对片区服务这一块才特别强调、特别重视、特别身体力行。我们做了一些具体的工作（口述略），增进了片区单位之间的感情。在学习片区和服务片区的过程中我们也取得了比较大的进步。今后我们一定努力谋求专业进步，争取对片区财务工作发展有实质性的贡献。

最后送给大家几句做好财务工作的最新口诀："听上级的话，按制度办事，为领导服务，把项目的事办好，盯住财务指标，抓紧收钱，快快付钱。"

我的讲话完了，谢谢大家！

借此机会衷心祝愿各位牛年精神振奋，快乐工作，健康生活！

第五节　在 2011 年财务工作会上的讲话摘要

一、找准定位，切实履行部门工作职责

公司财务目标应当包括利润最大化、现金增量最大化、财务风险最小化。财务目标是通过工程承包业务的营销、履约、结算、收款过程和对这些过程的管理实现的。财务部门要强调系统思维和大局意识，承认和接受市场部、工程部、商务部在公司价值增值和价值实现中的主流地位。同时要立足本位，认识财务工作重要性，发挥预算管理、财务报告、资金管理、财务监督在实现财务目标中的积极作用。

二、勇于担当，宣誓对部门工作负责

财务部门承担预算管理、资金管理、财产管理、会计核算、内部控制执行等工作。至少应当宣誓对财务报告的真实性负责，对资产负债的完整性负责，对货币资金的流动性负责，对原始票据的合规性负责，对预算控制的有效性负责。切实发挥资金循环作为公司的血液系统的功能、预算控制作为公司的神经控制系统的功能、财务监督作为公司的免疫调节系统的功能。

三、突出主题，谋求财务工作科学管理

以科学发展为指引，以资金管理和预算管理为主线，深入开展债权债务

的双结双清和经济运行的预控预警，凸显价值创造和安全营运两大管理主题。以创先争优为动力，按照财务资源集中、信息支撑决策、资金保值增值、监督经济运行的总要求，建立卓越绩效业务考核标准，深化财务会计工作。团结和动员财务人员，致力于财务会计工作业务流程、表单记录的标准化、科学化、信息化，打造绩效卓越、管理一流的财务工作机构。

四、满意为准，提升服务能力

财务部门要建立顺畅的财务运行体制，长期致力于提高财务工作规范化程度，提高财务人员办事效率和效果，提高财务工作综合满意度评价值。各级财务负责人要把公司的财务工作当作事业来做，为公司财务工作进步自觉奋斗。各级财务负责人要具备政治高度、专业视角、包容胸怀、担当精神、忘我境界、工作水平。

五、业绩导向，引领干部成长

公司和经理部两级财务负责人要按照出意见、出思路、出成绩、出成果的总要求争做有业绩的干部，一般财务人员按照严肃对待时间、严肃对待质量、严肃对待流程和严肃对待纪律的总要求争做岗位能手。各级财务机构和财务人员要坚决摒弃低标准的工作要求、被动式的工作态度、绕道走的工作策略和应付型工作结果。

六、补齐短板，开创财务工作新局面

一是要完善公司财务工作标准，开展财务稽核、落实审计整改、全面提升财务工作规范化水平；二是要深化全面预算管理，创新非生产费用控制方

法，按月报告预算执行结果，以及调整新增预算，增强预算指标的约束力和预算金额的合理性；三是要加强清欠工作的组织管理。年内要完善公司清欠管理办法，继续签订清欠工作责任状，落实清欠责任主体，做到应收尽收，应扣尽扣，保证实现应收账款零增长。

第六节　财务工作要讲感情

我们公司是一个片区公司，业务主要是联营工程，财务部门和财务人员作风的好坏直接影响到公司的形象和工程施工，因此我一直十分重视财务部门的作风建设。

我曾经提出"五个满意"是检验财务工作好坏的标准，并指出"五个满意，作风第一"。怎样体现好的作风呢，我认为就是要带着感情去做财务工作。

怎样讲感情呢，在领导财务工作的实践中，我有四点体会，在这里与大家分享。

第一，要讲大情大义，尊重各方人格和利益。这个怎么体现呢，就是要公开办事程序、承诺服务时间，让大家都受益。比如：总承包公司的结算制度就体现了这个要求，我们可以学一学。

第二，要讲小情小义，珍惜朋友情。交朋友，是我们每个人的情感需要。帮朋友，是我们表达情感的重要方式。我过去提出"在公正的基础上讲感情"，"在维护企业的前提下讲感情"，是强调小情小义要有度，那度在哪里呢，我觉得这个度就是"朋友受益，无害大义"。怎么体现呢，就是代办朋友所托之事，不得扰乱公司的程序，不得破坏领导的决定，不得损害第三方的利益。

第三，要讲兄弟情，用全局眼光看问题。我们兄弟单位，是竞争者也是协作者，和我们有割舍不断的情缘。我觉得财务工作要讲兄弟情，不究兄弟恨。这个怎么体现呢，就是兄弟单位的款项，只要具备付款条件，就直接支付出去，不需要兄弟单位催收、催办。我把这种支付概括为"只有付款，没有催款"。对于公司职工的报销，要满腔热情地去做"得罪人"的事。企业制度和个人利益之间总是有冲突的，财务人员不能改变制度，但热情一点总是可以做到的。

第四，要讲缘分情。合作方、供应商、分包商可能是初次和我们打交道，也可能只和我们打一次交道，这就特别需要讲缘分。对生人要客气一些，要周到一点，不要一次不小心，伤人一辈子。在别人心中留下一次好印象，也许就在别人心中留下了一辈子的好印象，这个性价比是很高的。

做事先学做人。讲感情是一个总原则，但怎么讲法，各人有不同的经验，我讲的是我的认识和我的做法。我相信，如果财务部门和财务人员能够按上述四点来讲感情，就一定可以树立一个良好的外部形象，更为重要的是能够为公司组织内部资源、组合外部资源筑"百亿"工程创造一个很好的财务环境。

| 第三章 | 工作思考与感悟 ◎

第七节　会计之美

二十年会计生涯，二十年专业寻梦。我以"干一行，爱一行，兴一行"的职业态度，追寻会计二十年，深深感受到了会计的美。

会计之美，美在简约。

你看，会计恒等式"资产＝权益"揭示了生产力和生产关系在价值上的等量关系。我认为它是经济学上最伟大的定律。它简单、深刻、绝对、不可颠覆。今天，会计已经成了国际通用的"商业语言"，但在整个历史长河中这一定律却没有丝毫动摇。

再看，根据"资产＝权益"设计出的复式记账系统，如同规律的表述一样，精致到了极点。它把一切影响资产和权益变化的经济业务统称为"会计事项"。对资产的增加和权益的减少，统一用"借"表示；对资产的减少和权益的增加，统一用"贷"表示，归纳出"有借必有贷，借贷必相等"的记账规则。它用"科目"表示资产的各种形态和权益的各种类型，用"分录"解析所有会计事项，用"账簿"计算数据，用"会计报表"输出会计信息。

最后看会计假设，就像是通俗哲学。它用"会计主体"界定核算空间，用"持续经营"预示未来，用"会计期间"体现历史，用"货币"达到计量统一，用"准则"作为判定标准，用职业判断适应变化。

今天，每一个国家都有自己的会计准则或者会计制度，每一个企业都有自己的核算办法，但那都只是会计学运用的成果。

我们会计人员实际上是一个组织的经济分析师，尽管我们水平有高有低，但这不能否定这门科学的伟大。

一个定理，两个符号，演变而成复式记账系统。它表现出的普遍适用性和长久生命力，展示了经济科学数学化的无穷魅力。

因为深刻而简单，因为简单而普及，因为绝对而长久，因为适用而美丽。

美丽在于感悟，美丽在于认知。

在简单中认识美，更需要专注。

如果你不是会计人员，当你听了我的介绍，你能小瞧会计这职业吗？

如果你是会计人员，当你听了我的介绍，你会小瞧你的工作吗？

第八节　白话财务

我一直希望能够向同事介绍财务，但你知道一句话是说不清楚的，我们通常都这样讲。不过能够一句话说清楚也许是可能的。如果我告诉你："财务就是钱和关于钱的事"，你也许会惊讶，其实真的就是这样。

总经理对钱的关心是企业财务活动的原动力。总经理这个人对钱的热爱是在他成为总经理之后才有的。他不是企业财务活动的第一推动力。那第一推动力是谁呢，"财务活动的第一推动力是出资人"。出资人的终极目的就是赚回更多的钱，这个你懂的。

每个公司都有财务部门。财务部门基本工作就是会计和出纳。出纳办理收钱和付钱的工作。会计是记账的，当然也记录钱的收支存情况，但不限于此。财务会计已经成为非常严谨的科学，可以记录公司的资产、负债和权益以及收入、成本和利润，覆盖企业筹资、营运、利润分配、企业清算涉及的全部财务活动，这个你可以不懂的。

财务部门与其他部门有点不同，我说的不是业务、管理和内控的具体内容，而是它对其他部门的监督。因为你是我的同事，你或许不关心财务部门做什么，你纳闷它好像谁都监督，什么都要监督，这个有点烦人。

（这里说一下"业务+管理+内控"的结构解读：我们做业务的时候要按管理要求去做，我们按管理要求去做的时候要符合内部控制的要求。业务

包括业务和业务过程，管理包括管理过程和管理要求，内控包括审签记录和审签流程）

其实财务监督局限在"财务方面"。如果你要报销和申请付款、管理和出售企业财产，会计要审查，这个审查就是会计监督。会计监督是有法律规定的。对会计审查提出的要求，即便是财务总监都是要配合的。

目前财务部门主推"全面预算"、"财务分析"和"现金管理"工作，对公司目标管理、经营风险和财务风险控制起信息支撑作用。

当然财务部门还有统计工作、税收工作、贷款工作、担保工作、清欠工作，还有会计工作中的财产清查、成本计算、对账、结账、合并报表工作，财务管理中的现金管理、债权管理、债务管理、长期投资管理、利润分配等工作，有时候也会有企业增资、并购、清算等涉及的财务工作。

第九节　关于财务工作管理科学化的思考

财务工作是公司财务人员在特定环境中使用公司资源为达成公司财务目标进行的一系列业务活动的总称。财务工作的逻辑结构是人—目标—业务—资源—环境五个要素的线性结构。

财务工作管理是对财务结构要素和结构要素相互关系的管理。由于业务介于目标和资源之间，因此财务工作管理选择从业务入手。

财务负责人依靠科学的财务管理制度进行财务工作管理。

科学的财务管理制度具备四个特征：（1）采用科学的财务管理方法；（2）优选财务工作经验；（3）吸取已知的财务工作教训；（4）易学易用行之有效。

科学的财务管理方法可以分为四个层次

（一）财务工作整体层面的哲学方法

实事求是、与时俱进、解放思想、改革创新、科学管理、以人为本、和谐财务。

（二）财务运行体制层面的系统方法

文化引领方向、制度开辟道路、执行创造业绩、监督保障成果。

（三）业务运行管理的一般方法

财务管理体系：部门岗位职责、业务权责指引、业务制度、业务流程、业务记录。

（四）财务业务管理的核心方法

1. 部门工作管理核心方法

目标管理：目标测算与确定、PDCA循环、计划清单销项、绩效测评、持续改进、面对面沟通、职责协调会。

2. 业务管理核心方法

（1）现金管理：资金集中；（2）存货管理：永续盘存制；（3）债权计划管理：赊销政策；（4）债权过程管理：结算与清收；（5）债务计划管理：支付政策；（6）债务过程管理：结算与清付；（7）投资预算方法：净现值法；（8）筹资计划管理：现金预算；（9）运营计划管理：全面预算；（10）财务信息管理：会计核算；（11）财务分析管理：杜邦模型；（12）财务风险管理：票据稽核。

第十节　关于财务工作结构的思考

做了 28 年的财务工作，突然想给财务工作画张图。我花了很多心思，我用文字描述了一张非常骨感的财务工作结构图，奢望它对财务工作信息化有点启示意义。希望财务人员点赞我做这种乏味的思考，毕竟我做的事还是很稀罕的。

一、公司财务工作的基本结构

任何财务工作都是财务工作主体和财务工作对象的组合

1. 财务工作主体指决策主体、管理主体、业务主体和核算主体

按角色分，决策主体如：董事会、董事长、总经理办公会、总经理；管理主体如：分管领导、部门、部门负责人；业务主体如：部门、经办人、证明人、验收人；核算主体如财务部、会计、复核、制表、会计主管。

2. 财务工作对象与财务会计核算对象是一致的

会计核算已经成为非常严密的科学。利用会计核算对象有助于系统完整地理解和把握公司财务工作对象。会计核算一级对象是会计实体。会计核算对象细分可以根据会计要素细分方法进行。会计要素指资产、负债、权益和收入、成本、利润。会计要素细分可以通过科目明细和报表项目整理出来。

3. 任何财务工作都是业务、内控、管理、核算的统一

业务指业务类型和业务流程，内控指控制记录和控制流程，管理指目标管理（管理指标及指标值）和 PDCA 过程，核算指专业核算和会计核算。

二、处理财务工作中的两个关系

1. 财务部门和其他部门的关系

财务会计的六个要素也是财务管理对象。引起财务要素增减变动的财务活动分布在不同的机构和部门，这些机构和部门就是对应的财务要素业务主体和管理主体。当业务主体和管理主体一一对应时，这个管理主体称为专业管理部门，如：物资部；当多个业务主体对应一个管理主体，这个管理主体称为归口管理部门，对应的业务主体称为直接责任部门，如：建安成本，合约部是归口管理部门，项目是直接责任部门；办公用品，办公室是归口管理部门，各部门是办公用品直接责任部门。

财务部是公司财务工作专业管理部门，负责统筹公司财务管理工作和负责公司会计核算工作。财务部门和专业管理部门、归口管理部门是出纳服务、管理统筹和会计监督的关系。专业管理部门、归口管理部门和财务部门的关系是评价服务、配合管理和配合核算的关系。

2. 会计核算和专业核算的关系

会计六个要素的金额关系是会计复式记账的理论基础（资产＝负债＋权益，收入－成本＝利润）。财务要素概念、分类、确认标准、计价规则，通常称为会计政策。会计核算内容是核算具体财务要素金额的增减变动及结存金额。财务要素专业核算通常冠以核算对象名称，如：材料核算。也有称为

××统计的，如：职工薪酬统计。具体财务要素专业核算同时核算数量和金额的增减变动以及结存数量和金额。

三、财务工作制度结构分析

1. 财务部门依靠财务制度管理公司财务工作

财务制度内容包括基于主体的责任制度，基于业务的操作制度，基于信息的核算制度，基于内控的记录、审批和监督制度。财务部门参与专业管理部门和归口部门管理制定的与公司财务管理和会计核算相关的业务管理制度会签，落实公司财务管理要求和保证满足会计核算工作的要求。

2. 财务制度有综合制度、单项制度之分

综合制度如：公司财务管理制度、公司会计制度、公司统计制度。单项制度如：岗位责任制、现金管理制度、预算管理制度、财务分析制度、会计内部控制制度、会计工作检查办法。专业部门涉及财务的有物资管理制度、固定资产管理制度、对外投资管理制度、办公用品管理制度。

3. 财务制度内容解析

面对各种样式的财务管理制度，可以用结构分析的方法进行解析，这样有利于制度内容排列、理解和查找，有利于制度比较、更新和完善，有利于进行制度拆分和运用。

财务制度内容通常涉及作业、内控、管理、核算四项内容。这四项内容是制度的主体，也是解析的主体。业务内容解析指解析业务过程和业务要求。内控解析指解析业务过程在业务主体和管理主体之间的穿行过程。管理解析指解析管理指标和管理方法，管理指标包括财产安全、营运安全、营运效率、营运效益、营运效果（满意度）等方面的指标。核算解析如解析核算的证、账、表的种类、格式、使用方法。

4. 会计核算制度解析

可以使用若干清单对会计核算制度进行结构分析。如：会计假设和会计政策清单、会计科目清单、会计分录及主要附件清单、会计过程和要求清单、会计报告清单。

第十一节　从交友话廉政

社会交往是人们社会活动的重要内容，领导干部也不例外。正常的、适度的社会交往，有利于调节情绪、放松身心，有利于开阔视野、丰富思想，有利于互相学习、共同提高。适当的社会交往，还有利于工作沟通，更好地履行领导职责；而不健康的社会交往，既耗时、费力、伤神，还可能引起不必要的麻烦，带来消极影响和不良后果。

怎样进行健康交往呢

1. 必须端正交往动机。"以势交者，势倾则绝；以利交者，利穷则散。"我们要抱着学习提高的动机去交朋友。经常与学有专长、思想敏锐、见识广博的朋友交流探讨，在巩固友谊的过程中，不断获取新信息、学习新知识、增长新才干。要抱着推动工作的愿望去交朋友，朋友交得越多，工作越有成效。要抱着从善如流的态度去交朋友，多交一些坦诚相见、直率敢言的诤友，多听一些逆耳的忠言，帮助自己经常打扫思想上的灰尘，纠正错误的认识和行为，不断提高思想水平，减少工作失误。

2. 必须慎重选择交往对象。领导干部由于工作关系，接触的人很多，主动结交攀附的也大有人在，如果不加选择，什么人都来往，很容易被人利用，甚至受人左右，做出违反组织原则和党纪国法的事情来。对那些怀着个人目的拉拉扯扯、搞感情投资的人，那些特别想当官、特别敢花钱、特别能套近乎的人，对那些素质低下、趣味庸俗、社会交往混杂的人，对那些了解不多、背景不清的人，一定要保持高度警觉，拉开必要的距离。

3. 必须坚持正确的交往方式。交往要"简单"。君子之交淡如水。简单不是冷淡，而是一种境界。每一名领导干部都应追求淡泊简朴的交往境界，年节一声问候，见面一杯清茶，既可以使自己身心轻松，又有利于培育真挚纯洁的友情。

4. 交往要"透明"。领导干部的社会交往不少是公务交往，即便是单纯的私人情谊，也可能会与其权力地位相联系。因此，应当光明正大地进行交往。这既是领导干部坦荡无私的体现，也是规避交往失范的需要。每一名领导干部都要树立"阳光交往"的意识，自觉增强交往的透明度，做到友在明处交，话在明处说，事在明处办，主动接受党组织和人民群众的监督。

5. 交往要健康。领导干部因手中掌握一定的权力，往往是一些别有用心的人拉拢腐蚀的重点对象。每一名领导干部都要时刻保持清醒的头脑，在社会交往中坚持讲党性、讲原则、守纪律，不交不三不四的人，不收不清不白的礼，不去不干不净的场所，更不能做权钱交易、权色交易等违法乱纪的事，始终保持共产党人的政治本色。

6. 要管好自己家属和身边工作人员。一些人通过与领导干部配偶、子女和身边工作人员交往，把领导拖进权钱交易之中，最终导致领导干部身败名裂，这方面的教训必须认真吸取。

附录

思想之光

第一节　总会语录

1. 融入一个新环境、适应一个新岗位、尝试做一个总会计师是困难而有风险的。要在领导那里建立信任，在同级中得到认同，在下级中树立威信，并不是靠上级的文件就能实现的。

2. 入位如同入座，身子要放低，心气要平和。

3. 管理要向局最先进的分公司看齐。

4. 财务部是核心经济管理部门。财务部门要加强纪律，对外必须一个声音，对内要说实话，要按制度办事。

5. 一个财务老总留给企业最重要的财富有三：运转流畅的财务秩序，能力不断提升的财务人员，行之有效的管理方法。财务老总要通过建立和完善企业的财务管理秩序和推行财务管理方法来提升财务人员的能力，对工作人员工作上要严格要求，要做好传帮带的工作，自觉为企业培养财务干部。这样，企业的财务工作才能与时俱进，不断发展。

6. 委派总会制度的核心是要确保委派总会入得了位，能正常参与领导班子的工作，能领导财务部门的工作，始终处于重大财务事项的过程当中。

7. 委派总会与主要行政领导的关系是支持而不是支配，是协助而不是主办，是监督而不是替代，始终处于从属的地位，但也是一个独立的领导职位。因此委派总会首要职责是支持行政领导的工作，维护行政领导的权威，当然更要维护班子的团结。在监督方面,主要是维护财务制度、财经纪律和财务工作秩序。因此,在实际工作中要学会让步,要坚持融合 — 斗争 — 融合的方针。

8. 处理各种关系和各种事务的一般方法:总是以退为进的策略比较好,总是楔子的精神比较好,总是坦荡的胸怀比较好,总是大公无私的情怀比较好,总是顾全大局的品质比较好,总是情理法结合处事比较好。

9. 总会计师的个人修养,那就是要为公护位,不要为私谋位;要因责用权,不要因利用权;要取阳光之利,不收非分之财;要清清白白理财,老老实实做人,把心思用在研究新业务、适应新发展、建设合格队伍、提高业务水准上。

10. 总会计师不仅需要立场,也需要方式方法,更需要摆正自己的位置和心态。在处理原则性问题时,我坚持"五要五不要",效果还是不错的。即"要坚决,但不要生硬;要坚持,但不要纠缠;要反对,但不要乱讲;要忍让,但不要妥协;要等待,但不要放弃"。

11. 在风险防范性的机构从事总会工作,我有八条心得:(1)守住本分——抓好业务工作;(2)牢记宗旨——抓财务工作要面向生产经营;(3)把握底线——搞控制不要妨碍生产经营;(4)维护团结——不要挑拨党政关系;(5)站稳立场——坚持什么反对什么要十分明确;(6)虚位低调——不纠缠权位,权位都是用来办事的,该办的事就办,事情办了就行了;(7)请示汇报——紧紧依靠上级,总会只是一个职位,是有限职权有限责任,许多问题只能依靠上级来解决;(8)适时评估——看进步、论发展,这样可以回答各方面的疑问。

12. 当工作有困难时,我的策略是在目标管理上"退一步,求其次。守住底,撑住面"。

第二节　控制语录

1. 失败不能简单地认为是来自于决策错误。有的人将2%的可能变成100%的现实，有的人将98%的可能变成了失败。领导决定了的事，就要全心全意地去执行，要尽到执行者的责任，努力将2%的可能变成100%的现实。

2. 制度是用来把事情办好的，不是用来把工作搞死的。制度严重影响当前工作，就要修改制度、突破制度，我们不能简单地用制度来抵制领导的决定。

3. 民主会影响效率，但有了集中这个法子，我们就不怕。决策慢一些，执行快一些，总体就不会慢，还会快。

4. 对于事务性工作，应当按常规业务流程顺办，即部门审，领导批；对于上级批示和下级请示，应当按公文处理流程逆办，即领导批，部门办。顺办改逆办，造成领导向下越权；逆办改顺办，形成领导放权。这两种情况都会给下级造成压力。

5. 越权有两种形式，一是向上越权，二是向下越权。流程的两极是越权的高发区。顺办的事项由经办人决定，彰显了经办人的重要性；顺办改逆办，彰显了决定人的重要性。逆办的事项由决定人经办，彰显了决定人的重要性；逆办改顺办，彰显了经办人的重要性。由此可见，公文处理流程中的公文受理和业务处理流程中的单据受理，是十分严肃的工作。

6. 对监督而言最简单的控制是流程控制，最直接的方法是嵌入流程，最伟大的力量是无形的力量，我们要善用存在和公开两种无形的力量。

7. 极强的原则性，必须要通过极强的灵活性去实现，这就是我的妙法。

8. 我们做什么工作，都强调领导重视，其实没有什么工作领导是不重视的，关键是我们要重视自己的工作，要努力去达成目标。

9. 你们不要总想把事情转给领导。领导来了只是来协调、来督促、来指导，最后事情还是要靠你们自己解决。所以，自己能商量解决的不要找领导，自己解决不了的要弄清楚问题出在哪儿。自己都不动，找领导来替你们做，那不可能。

10. 什么事只要动起来了，很快就会有结果。总在那儿犹豫，觉得这不可能，那不可能，实际上很多事没有我们想得那么难，一动就清楚了。

11. 做不成没有关系，关键是我们要用心去做、尽力去做，知道为什么做不成，避免我们以后再走弯路。

第三节　用人语录

1. 选才入位是件大事。我以为帅才应当运筹帷幄、决胜千里，将才则是攻城拔寨、所向披靡，兵士就是冲锋陷阵、勇往直前。

2. 选干部要顺乎自然之道，这个自然之道就是实践选才。因为实践成才，实践炼才，实践显才。

3. 一些干部的表现容易使我们产生错觉，比如：事务式干部（缺少预见性和计划性）、清谈式干部（缺少实际工作经验）、问题式干部（说而不行）、判官式干部、事后能的干部（总在事后说如果让他做，他能做得到，并能做得更好），不是特别了解他/她的人，会觉得他/她水平高或者责任心强或者贡献大，但实际情况并不是这样的。

4. 待遇留人是基础，待遇导向则是根本。在岗薪设计上要坚持岗位分级，级内设档；激励上进，调节能差。在福利设计上，领导、骨干员工和劳动模范与普通职工要有差异。

5. 我们不仅要鼓励少数人的积极性，也要照顾到多数人的积极性。知识经济要有精英意识，传统经济也要有精英意识。精英源于特别的贡献，不是源于特殊的能力。精英分配就是给特别的贡献进行特殊的奖励。大众分配，就是共享效益成果，按薪酬管理的规定在大众之间进行分配。

6. 把学预算的和学财务的转做材料员，对改进材料系统的管理有好处。

7. 怎么用人，我的做法是"人人都用，用其所长；适时调整，全面发展；倾其所能，培养部属"。

8. 在普遍存在的岗位分工和授权体制中，许多管理人员也充当某个方面或者某个层面或者某个环节或者某个事项的领导。

9. 管理工作的分工形成领导和管理两个层级，管理工作又把领导和管理组合起来。坚持管理人员阶梯式成长道路和从管理人员中选拔领导干部，是符合领导成长规律的。

10. 管理和领导的区别可以这样讲：领导指方向，管理去落实；管理提方案，领导做决定；管理出成果，领导报业绩。

11. 领导面对的是各种关系人，最重要的品质是要讲诚信；管理者面对的是分工，最重要的品质是按规律办事；经营者面对的是竞争者，最重要的品质是出奇制胜。三者各有其道。

12. 做领导一定要注意工作方法，我讲三点意见：一是姿态要放低，要善于团结，善于沟通；二是用人所长，道其长；三是知人所短，防其短。

13. 要赢得领导信任，一要站在企业立场讲话办事，二要为领导分忧解难，三要不争权、不贪功，好好做事。

14. 人才支撑管理，体系支撑规模，体系是关于管理要素的组合。

15. 科学知识只是很少的一部分知识，经验、技能、技巧是大量存在的。这些年我们简单看重文凭选人，把许多有丰富经验和技能、技巧的人忽略了。

16. 在团队建设方面，首先要认识团队成员。团队成员从管理角度可以分为五类：上心的队员、受教的队员、能干的队员、受管的队员、自弃的队员（很少，甚至没有）。

17. 根据干部工作内容分，干部可以分为：管理型干部（重计划、组织、协调，把自己工作干好），监督型干部（重检查、考核，要下级把工作干好），服务型干部（重调查、指导、帮扶，协助下级把工作干好），担当型干部（重目标，对分管工作目标承担责任）。

18. 管理能力有各种表现方式，比如：预见能力、决定能力、计划能力、组织能力、控制能力、识别能力、分析能力、判断能力、评价能力、表述能力、沟通能力、解决能力、自知能力、反思能力、解脱能力，等等。能力的多样性，对于完善自我、选人用人、团队建设都有重要指导意义。

19. 先进的标准是：业绩突出、群众认可、思想进步。一般干部成长为先进的路径是：进步的愿望，效仿先进，专注当下，追求成功。我选择干部的方法是：危难险重选干部，坚决不用三低干部（低标准、低效率、低业绩）。

20. 选人用人要七看：从质量看水平，从效率看作风，从效果看能力，从遵从看思想，从和谐看品德，从财富看廉洁，从言行看修养。七项符合之人可判定为"德才兼备"的可造之才。

21. 年轻人精力充沛，侧重点上工作，着力冲击高、精、深课题，增添工作创新元素。

22. 中年者经验丰富，侧重线上工作，充分发挥稳、准、狠优势，创造团队优秀业绩。

23. 年长者阅历广博，侧重面上工作，热情推动传、帮、带工作，促进企业基业长青。

24. 意见能够落实，不是领导胜似领导。决定没人落实，是领导也不是领导。

25. 火车头和火车厢的区别，就是火车头有动力系统。领导应有追求，把工作当事业做。

26. 有些人事管理方法只能当药吃，不能当饭吃。比如末位淘汰法。

第四节 财务语录

一、财务工作

1. 财务工作什么最重要？我看还是"两个不能乱"最重要。只要资金签批流程不乱、会计核算不乱，资金方面就出不了大问题。

2. 财务部门具有三重职能：管理、核算和监督。核算要为管理服务，核算要落实监督要求。孤立地谈核算，核算的价值就体现不出来；简单地搞核算，会计的监督作用就得不到发挥。从这个意义上看，我们要管理、要勇于监督，但我们什么时候都不要忘了核算。如果账务不清，反馈的信息出了问题，再谈管理就没有实在意义；自己分内工作严重失职，监督别人就没有分量。

3. 财务工作好不好，不仅有个技术问题，更重要的还有个价值问题。我看检验财务工作好不好的标准，还是"五个满意"比较好。过去财务部门不注意价值标准，很辛苦，但吃力不讨好的时候多，就是我们没有认识到这个价值标准，没有按这个标准去改进财务工作。

4. 如何抓财务工作，我总结了十个方面，就是"财务理念为魂，资金管理为要，增收节支为途，民主理财为宝，制度建设为本，预算管理为纲，经济核算为据，绩效考核为实，审计监督为证，队伍建设为力"。

5. 财务负责人要具有政治高度、专业视角、包容的胸怀、担当的精神、忘我的境界、工作水平。

6. 财务负责人要学会工作、习惯反思、摆脱困境，从而达到自立。

7. 要坚持一流目标、用人所长、团结融合、培养部属的工作方法。

8. 财务指标分为三个层次，一是做得到，二是说得走，三是通得过。我们在上报资料前对考核指标一定要心中有数。

9. 财务工作目标包括公司层面的财务指标和部门层面的业务目标。

10. 财务人员能力建设包括：处理全盘会计业务的能力，独当一面的能力，首次执行能力，领导能力。领导能力可以表述为"四出"："出点子，出思路，出成绩，出成果"。

11. 凡管理都要讲过程，不讲过程只问结果那是领导。比如签证工作始于签证发现，经过签证计量，终于签证结算。又比如进度款的收取始于完工进度确认，经过进度款申报和审批，终于进度款的收取。在管理上只讲结果不讲过程，那叫犯横。

12. 对财务工作而言，最基础的工作是会计工作，最重要的工作是收款工作，最容易被忽略的工作是分包结算，最容易接受的错误做法是拖延付款。

13. Σ（个人努力 + 团队协作）= 部门能力

14. 财务管理体制是财务工作体系的第一要素，是财务工作体系运行的物质基础。

15. 我们对财务工作要有敬畏之心、崇尚之情。

16. 财务工作本质上是处理分配关系和解决资金供求关系。

17. 我们一定要下决心做体系。对财务工作的组织体系、责任体系、业务流程、预算体系、核算体系、分析体系、风险管理体系都要认真梳理、总结、培训、推广。

18. 培养财务干部主要着眼于财务人员业务能力的全面发展。

19. 培养财务干部的直接目标就是源源不断地输出项目财务负责人。

20. 我提倡大力推行互惠式教育，人人都来当老师，人人都来当学生。财务人员在这种环境中都能够快速成长、健康成长。

21. 做好财务工作的最新口诀："听上级的话，按制度办事，为领导服务，把项目的事办好，盯住财务指标，抓紧收钱，快快付钱。"

22. 如何体现财务会计的管理、服务和监督职能？（1）通过财务会计管理流程规范化体现财务管理行为的正当性。（2）通过财务会计业务记录的模板化提高财务会计基础工作水平。（3）通过办理财务会计业务的效率体现财务人员的服务态度。（4）通过企业发展的效果来体现财务会计监督的成果。四句话概括起来就是：用主动的工作态度、正当的管理行为、操作性的业务标准，为实现企业发展目标开展财务会计工作。

23. 对财务目标管理的要求：一流目标（财务指标、工作指标），零基管理，过程追求（追求进步，看到进步），结果体现。

24. 对财务机构工作的要求：执行坚决、计划控制、结果反馈、登记台账、定期总结。

25. 对财务负责人的要求：服务观点（权、利、责）、监督意识（预算、流程、定额、票据、记录、法规）、创新精神（体制、机制、方法，堵、疏、转、断）、职业追求（爱、专、兴）。

26. 对财务人员的要求：主动态度、协作精神、时间控制、质量追求。

27. 对财务记录的要求：体现流程、明确责任、规范格式、简单管用（不能少、必需的、有用的）

28. 对地区经理部和项目经理部的要求：要有强烈的责任目标意识和资

金忧患意识。

29. 如何把财务工作落到实处？概括起来五方面：目标主体化、措施政策化、工作业绩化、经验成果化、资料档案化。

30. 财务人员要严肃对待工作时间，严肃对待工作质量，严肃对待工作标准，严肃对待工作流程。

31. 财务干部要做到理论知识有储备，业务技能较突出，专业发展有追求，政治态度求上进。

32. 我们采用的管理方法概括起来有三种：目标管理、PDCA循环、销项管理。做工作要有始有终，做深、做足、做透、做出结果，做得有生气、有活力、有品质、有好评。

33. 公司财务目标应当包括利润最大化、现金增量最大化、财务风险最小化。财务目标是通过工程承包业务的营销、履约、结算、收款过程和对这些过程的管理实现的。财务部门要强调系统思维和大局意识，承认和接受市场部、工程部、商务部在公司价值增值和价值实现中的主流地位。同时要立足本位，认识财务工作的重要性，发挥预算管理、财务报告、资金管理、财务监督在实现财务目标中的积极作用。

34. 财务部门承担预算管理、资金管理、财产管理、会计核算、内部控制执行等工作。至少应当对财务报告的真实性负责、对资产负债的完整性负责、对货币资金的流动性负责、对原始票据的合规性负责、对预算控制的有效性负责。切实发挥资金循环作为公司的血液系统的功能，预算控制作为公司的神经控制系统的功能，财务监督作为公司的免疫调节系统的功能。

35. 财务工作要以科学发展为指引，以资金管理和预算管理为主线，深入开展债权债务的双结双清和经济运行的预控预警，凸显价值创造和安全营运两大管理主题。以创先争优为动力，按照财务资源集中、信息支撑决策、资金保值增值、监督经济运行的总要求，建立卓越绩效业务考核标准，深化财务会计工作。团结和动员财务人员，致力于财务会计工作业务流程、表单记录的标准化、科学化、信息化，打造绩效卓越、管理一流的财务工作机构。

36. 财务部门的任务是要建立顺畅的财务运行体制，长期致力于提高财务工作规范化程度，提高财务人员办事效率和效果，提高财务工作综合满意度评价值。各级财务负责人要把公司的财务工作当作事业来做，为公司财务工作进步自觉奋斗。各级财务负责人要具备政治高度、专业视角、包容胸怀、担当精神、忘我境界、工作水平。

37. 坚持业绩导向，引领干部成长。公司和经理部两级财务负责人要按照出意见、出思路、出成绩、出成果的总要求争做有业绩的干部，一般财务人员按照严肃对待时间、严肃对待质量、严肃对待流程和严肃对待纪律的总要求争做岗位能手。各级财务机构和财务人员要坚决摒弃低标准的工作要求、被动式的工作态度、绕道走的工作策略和应付型工作结果。

二、财务预算

1. 实施民主理财，有两个规律是必须强调的。一是财务管理的压力是从上向下传递的，这就要求财务指标必须由上至下层层分解，权力从上向下行使，各级领导干部是首要责任人。二是财务管理的责任是由下至上解除的，这就要求我们制订计划要由下至上，不能脱离实际。执行计划，要依靠下属。

2. 我们不要限于从编制的角度去思考预算，要从价值层面去把握预算。

"预则立，不预则废。"全面预算管理是管理者意志的集中体现，是财务管理的目标地图，是绩效考核的尺度。我们编制的中长期预算、年度预算是预算的基本形式，月度、季度预算是预算控制的基本手段，机关费用预算包干、项目全额承包、经营费提成是落实预算的具体措施，是预算管理的方式和方法。

3. 编制计划不是一件很难的事，关键在于做和不做。

三、经济活动分析

1. 经济活动分析是为领导服务的。经济活动分析就是要向领导反馈工作信息。反馈什么信息呢？我认为是八个方面八个种类。八个方面是指投标、施工、结算、收款、收入、成本、利润、管理。八个种类是指预算指标完成情况的信息、预算指标同期比较信息、管理工作计划销项信息、环境变化和改进建议的信息、施工项目各项工作进度的信息、各项责任目标完成情况的信息、项目管理工作状况的信息、项目工作改进的信息。

2. 经济活动分析从深度讲可以分为三个层次，一是从数到数的分析，二是从数到事的分析，三是从事到人的分析。数由事生，事由人做，数—事—人之间的这种内在关系，是经济活动分析的理论基础。

3. 经济活动分析说起来复杂，做起来也复杂。要做好经济活动分析，就要求解经济活动分析之道。这个道就是六句箴言"让大家来分析（聪明人不如知情人）、要系统分析（经验分析不如科学分析）、用数据说话（事实胜于雄辩）、报告简明扼要（要言不烦）、重在改进（宗旨永不忘）、言者无过（保护积极性）"。

四、成本控制

1. 成本问题实际上是一个增收节支问题。把成本控制住，效益才有空间；把收入搞上去，利润才有来源。抓成本节约不弃点滴，找收入来源盯住签证、索赔，这是根本办法。

2. 把成本放进利润中去观察可以开阔成本工作的视野，加深对成本工作的认识。利润是收入减去支出的差额。项目投标、施工、结算和收款都对利润有影响。投标价格扣税后金额高于预测成本，项目可以获得预期利润；施工成本低于预测成本，项目可以获得超额利润；结算数量多于施工数量，项目可以获得非常利润。由此可见成本管理应该始于成本预测，经过成本控制，止于成本补偿。

3. 成本预测和成本补偿主要由预算部门负责，成本控制主要由采购部门和生产部门负责，成本核算、分析和考核主要由成本管理部门负责。

4. 成本测算不是为了获取足够的预期利润，而是为了防止低于成本价中标。

5. 成本控制包括价格控制和数量控制两个方面。价格控制借用市场竞价机制是最好的办法，数量控制采用消耗定额是最好的办法。

6. 成本控制的法则是该花的钱一分不能少，不该花的钱一分钱也不能花，这是一个理性的判断标准。

7. 成本核算反映控制结果，成本分析揭示过程中的问题、查找成本责任和提出改进建议。

8. 预期价格是计算标准成本的权数，但预期价格并不是公正价格，不能用于计量采购部门采购价格责任。采购价格分析和考核的重点应该是价格形成的合规性和价格水平的合理性。

五、核算

1. 会计核算工作管理重点是会计政策选择、会计原始凭证规范、会计科目统一、账户管理责任落实、会计报表报送和会计监督成效。

2. 完工百分比法的本质是将整个工程的预期利润，按完工进度平摊到每个结账期间。完工进度法的本质是核算每个结账期间实际完成工作量、实际发生的成本，并计算当期实现的利润。我提倡两种方法并行，既可以推动成本目标的动态管理，又可以满足施工期间的月度成本计划管理。

3. 财务上存在两个收支。一个是资金收支，收支差额是资金节／超；一个是经营收支，收支差额是经营盈亏，这是财务上两个不同的概念。会计人员汇报时，要意识到领导问的是哪个收支。

4. 一个工程的利润有预计总利润、至年初累计报利润、本年报利润、预计全年利润和结转以后年度利润。如果把每个利润数分开说，领导就清楚了。

5. 项目没有完成目标利润指标不能说成是项目发生了亏损，因为亏损是成本大于收入的差额，不是实际利润小于目标利润的差额。

6. 分录有两种理解，一是复式分录，一是单式分录。我们写摘要最好按单式分录来写，这样要清楚许多。如：用支票从风驰车行购买一台别克商务车，"借：固定资产"对应摘要"（某某）购入一台别克商务车"，"贷：银行存款"对应摘要"支付风驰车行别克车款"。一个"购入"、一个"支付"，把这笔购车业务描述得很清楚；借哪个科目，贷哪个科目，根据摘要很容易确定。

7. 账户就是用来分类归集数据的。一定要科学设置账户，按规范使用账户，否则就会出现账目不清。账目不清，可是会计工作的大忌。

8. 报表的项目和账户名称一样，但内容不一定相同。还是要认真看编报说明。

9. 经营收入为什么不能等于资金收入，一是存在非经营性收入，二是收入不是以收到的工程款为依据。经营成本为什么不能等于资金支出，一是存在非经营性支出，二是成本不是以支付的货款为依据。

10. 只有业务清楚，才有账目清晰。

11. 随时掌握工程项目收入、成本、税金和利润的估计、实现和列报情况，做到心中有数。

六、财务控制

1. 财务上所说的流程实际上有三个：一个是业务流程，是会计基础工作的外部流程；另外两个是资金流程和核算流程，是会计基础工作的内部流程。不要笼统地说会计工作混乱，要看具体乱在什么流程上，有一说一，有二说二。

2. 资金支付签批的目的，是预防差错、防止舞弊，不是用来处理事务的。要处理事情，放在审批前或者审批后，不要把签字作为处理事情的方式。签字要快，最好不要超过5分钟。

七、资金管理

1. 钱多了不烫手，这是从存钱和花钱的角度讲的；如果从还钱的角度讲，那就大不一样了。所以，真正理财的人是不喜欢贷款的，喜欢贷款的是投资者和经营者。

2. 有钱和没钱，首先理解是一个存量问题；但更多的时候，应该理解为一个收支问题。企业的钱和家里的钱是不一样的，企业的钱是用来周转的。

资金周转畅顺，就是有钱；资金周转吃紧，就是没钱。

3. 资金有一个流动的属性，这个可能许多人不在意。但我们说，资金的流动性会受到实际资金控制权的影响，这怕是一个常识，绝大多数的人不会有异议。我非常忌讳将流动资金借贷出去，正是基于这个原因。

4. 有的单位越来越没钱，有的单位越来越有钱。原因何在呢，这里有一个有钱的思路和一个没钱的思路。你用有钱的思路管钱，就总是有钱；你用没钱的思路管钱，就总是没钱。我的经验是专款专用、以收定支、调剂从严、计划留有余地。个别单位不从思路上找原因，所以就陷在借款的恶性循环中，至今不知何日是尽头。

5. 钱的问题，不能靠钱解决，要靠思路解决。

6. 项目该花的钱一定要花，项目收的款留一部分给公司用。

7. 资金平衡工作必须立足于合同。公司要想变得有钱，首先在合同环节就要有资金节余。很多资金缺口是在合同环节就已经形成了，即使项目每期及时收到了工程款，也无法满足项目资金支付。

8. 对现付成本费用，可以通过集中定点的方式，变现付为定期结算来缓解资金收支的矛盾。

9. 我仔细地研究了过去的资金制度，资金收支计划本质上是请款（需求）计划。你需要多少，业主就拨给你多少，计划是申请拨款的依据，收款和用款是统一的，是一回事。但现在不一样了，资金收支计划只是用来反映计划期可能收到的钱数和要支出的钱数，可能是收大于支，也可能是支大于收，收、支是两件事，这种资金收支计划是一种资金管理（平衡）计划。企业在实际安排支出时，是根据收款规模，按轻重缓急来分配资金的，不是你计划支出多少，就分配给你多少。由此可以看出，现在和传统的资金收支计划有本质区别。我们的思路一定要转变过来。

10. 资金收支，有狭义的解释，有广义的解释。出纳看收支，则看狭义的解释，回答收了多少、付了多少、存款多少，针对的是收支结果。管理者看收支，则看广义的解释，回答能收多少，要付多少，超支怎么解决，针对的是收支计划。要反映结果，有出纳就够了；要落实计划，需要各个环节的人努力工作才能完成。

11. 理财要讲合同、讲流程、讲纪律，但更要重事实、重公正、重感情，核心是诚心诚意做好资金收支工作，贯彻落实好资金集中管理的要求。

12. 项目资金管理四句话：（1）经验表明玩不转资金就不可能玩转施工生产，项目商务策划和资金策划要同步进行。（2）收取工程款是天经地义的，项目必须先收后支，确保上交。(3)各类合同保证金是市场惯例，我们要遵循，分包也要遵循。（4）资金支付条件上，主次合同要相互适配，采购活动要具体到项目，分包商和供应商分享项目利益，就要共担项目义务。

13. 廉洁制度建设和廉洁文化建设本质要坚持廉洁理论和廉洁执业相结合。在支付工程款方面，我们要求资金公正分配、申报材料齐备、办理符合程序、付款限时完成。在实际工作中，存在的主要问题是破坏领导决定，扰乱财务秩序，破坏公司流程，造成公司损失，侵害第三方利益。

第五节　谈判语录

1. 现场业主、监理、施工、设计配合要靠业主牵头搞流程，规定每个环节的办事时间。现在都在说问题，都不知道问题出在哪个环节，不知道资料哪儿去了，这样会议就没有效果，弄得各方领导都不高兴。其实就是流程问题，是工作方法问题，这件事解决好了，很多事都好解决。

2. 我们都可以把过错归咎于对方，但我们还得把工程做完，只要工程没做完，我们是无法向我们的企业交待的。相互问责是没有出路的，解决问题才是理智的选择。

3. 极端地维护本单位的利益，其维护的利益是虚无的，是不可能实现的。没有公正合理就不可能获得双方的认同，问题就不可能得到解决。我不支持我的单位向业主谋求过分的利益。我注意到一些工作人员（业主方）在维护本单位的利益上经常表现出极端倾向，正在妨碍我们履约的进程，正在损害企业的根本利益。我们都要面对现实，从现实中找出路。

4. 按合同办事，我就是按合同来办事的。合同中都有友好协商的条款。我们现在遇到问题，我们来反映情况，来友好协商。我没有碰到一个合同签订后，执行过程中什么问题都没有的，你们碰到过没有？

5. 我们都是现场工作人员，做工作首要的是对自己的领导负责。我不相信现场搞砸了，你的领导会说你好，上级会说你好。不会的。通常都是现场搞好了，大家都高兴。我相信，帮助我们把现场的问题解决好，对你是有好处的。

6. 你们指出的问题，我们有自己的看法。你们是上级，我们认为有责任向你们反映，这也是制度的要求。你们可以不采纳，但要允许我们说话。你们把我们的反映带回去反馈给领导或相关部门，在很大程度上可以增加你们工作的价值。

7. 我们从来都认为我们是重要的，但你们认为我们是多余的，单方面终止了和我们的合同关系。你们厉害，我们也不愿跟谁伤和气，也就忍忍算了。今天你们找上门来，我就觉得很奇怪。你们不用担心的，我们是大单位，是很顾及脸面的，毕竟名义上我们还是承建商，我们会协助你们处理的，并提供解决问题的方案。但你们若想把事情完全推给我们，这没有什么道理，我们也不会接受。

8. 不能谈、谈不了、谈不成，反映的是我们在谈判方面的自卑倾向和能力欠缺。

9. 保证工程运转符合业主核心利益，我们一定要围绕工程运转看待自身的变更、结算和收款工作。

10. 业主、承包商、监理、设计、分包商、供应商、指定分包商都是特定工程的建设者，都有平等的合同主体地位。要跳出自我为中心的小圈子，要克服在业主面前的自卑心态，要避免在供应商面前的傲慢态度，要消除和监理的敌对心理，做到互相尊重、友好协商。互相尊重是人心需要，友好协商是合同的基本精神，工程建设是大家共同的目标，牢牢把握这三点，就能掌握项目营销施工协调的主动权。

11. 有些事可以变通么，什么事都讲确定就不好办。有些事可以先暂定么，确定以后再调整，不能总把事情拖着。不讲点方法，很多事情都会拖死。

12. 不能什么都谈（判），比如依法建账就不能谈（判），上报报表就不能谈（判），依法纳税就不能谈（判）。

第六节　报告语录

1. 评价一个报告好坏，主要是看报告管不管用。有些报告侧重体系、侧重文字、侧重论述，让你总觉得是在读一篇什么文章，听什么学术报告，不太像工作报告。一年你不可能什么都做，你总得有个重点。有哪些具体工作要做，你用心一点，总是清楚的，所以报告写得具体、有用，是很容易做到的。

2. 社会资源怎么融合，我有一点看法。我们现在的分包商应该说是一些小企业、小机构吧，他们有优点，他们办事讲节约、讲效果、讲效率。我们大企业也有优点，我们讲体制、讲规范、讲诚信、讲实力。我们多看对方的优点，就比较好融合。如果老是把优点当缺点，就融合不了。我跟分包商讲，如果你的企业做大了，最后也要讲这些，不讲很容易出问题。所以，不要老是抱怨这个抱怨那个的，心态好了什么都正常。

3. 职工怎么敬业，我不正面说。有一点就是公司有干事的氛围，也有说事的氛围。这说明我们职工爱企业。我不爱你也不会恨你，你好不好与我不相干，这是一般的道理，从这个侧面去看，我们的职工是很爱企业的。职工提的很多意见是很好的，他们提意见是冒了风险的，我们要尊重人家，要珍惜人家的意见，不要对立地看问题。

4. 2007 年 2 月某会议上讲了四句话"诚信理财，规范核算，公开透明，工程第一"。所谓诚信理财，通俗讲就是"正确计算、及时支付"；所谓规范核算，通俗讲就是"记录有据、手续完备"；所谓公开透明，通俗讲就是"报表上报，大事汇报"；所谓工程第一，通俗讲就是"结算收款，协商借款"。

5. 党群工作有三点是要特别注意的，一是不能作假，二是要克服党政"两张皮"，三是尽量减少行政的重复劳动。

6. 在2009年政工工作会上我讲：我非常关注政工工作，非常羡慕政工人员。我希望政工部门一定在选拔干部当中把好政治关，要为公司选拔有组织观点的干部、有群众观点的干部、有创新实绩的干部、有综合素质的干部。

7. 在2009年综合组转正点评时的讲话：说是让我来点评，我就不点评了，借这个机会说几句话，因为我觉得这几句话很重要，这个机会比较合适。这个组的员工多数是机关的同志，在管人财物的部门工作，特别送大家八个字："切戒三心，力生四爱"。戒三心就是管人的要戒邪心，管钱的要戒贪心，管物的要戒歪心；生四爱就是机关干部要爱项目、爱学习、爱工作、爱钻研。

8. 联营项目管理要五讲：讲目标（完整），讲现场（形象），讲安全（底线），讲长远（团队），讲衔接（对接企业管理）。

9. 管理用四力：目标牵引力，计划控制力，会议推动力，考核激发力。管理是个辛苦活，样样费力气。

10. 监督用四力：存在的威慑力，公开的约束力，标杆的影响力，自律的带动力。监督是个巧活儿，善用机制最省力。

11. 2010年我开始关注政工工作，其中一个重要原因是政工工作有一项神圣的工作就是干部工程，它负责把员工培养成有高尚修养的人，使员工从人力资源转化成人力资本，进而遴选为公司干部。

12. 对系统召开的会议，应当是领导主导。会议材料具体细节要尊重部门的意见，会议材料的中心要体现领导的意志。体现了领导的意志，会议材料就有了魂。有了具体细节，会议材料就会充实起来了。不经过领导审阅的会议材料直接上会，领导被通过，就会产生领导指正，这样会议材料的效力就成问题了。部门工作本质上是对领导负责，不管稿子由谁主笔，由谁宣读，都应该经过领导审定。

13. 人员配置严重不足，现在是个普遍问题。布置工作，人力资源是个约束条件，所以要量力而行，方法就是控制工作立项，注重工作效果。工作效果就是你做了这个工作后会产生符合预期目标的明显变化。如果我们做了某项工作看不到变化，这项工作立项就是败笔。

14. 政工工作要做好榜样工程。一是要树各种榜样，二是把自己修成榜样，通过榜样来影响带动员工，这是可以立竿见影的办法。力求把自己修成榜样是政工工作的一个特点。如果你不把自己修成榜样，你说话就没有说服力，就不能够影响带动别人。我们财务人员不能够把自己加工成会计信息，施工人员也不能把自己加工成混凝土，但政工干部可以把自身作为工作对象，把自己修成榜样，所以我说这是政工人员的一个特点。

15. 在我看来商务工作是捕捉收入的猫头鹰、是降低成本的控制台、是资金回笼的反应堆。我平时看重证、账、表，是重形式，是不够的。收入和成本确认、资金回收和支付控制才是财务会计工作的内容，这些都要以商务工作为基础。

第七节 审计语录

1. 内部审计是公司的内省行为，是主观对客观的关照。内部审计人员要做公司的大医，关照公司健康成长。

2. 内部审计说到底是对内部控制制度设计合理性（科学性、真理性、满意性）的审计，执行合规性的审计，结果有效性（公司目标实现与否）的审计。

3. 思想是一种轻物资。内部审计人员拥有的审计思想越多，就越容易使自己升起来。

4. 审计制度建设需要各方面的知识，如：业务知识、审计知识、公文知识、语言知识。一个好的审计制度，要经得住专业能人评价、审计专家的透视、制度专家的品评、语言专家的评析。

5. 风险导向审计是一种先进的审计方法。着眼于组织目标，着手于组织的制度，着力于组织风险，具有增值、预防、系统的特点。主要采用简单对比找缺陷的方法，而不是复杂分析找原因的方法，这是管理不断完善和进步的结果。

6. 内部审计工作四件宝：一个审计方案，一套基础表格，一叠工作底稿，一个审计报告。

7. 会计特别强调依据（真实），内部审计特别强调人品（独立客观）。

8. 执行、评价、审计是内部控制的三道防线。三道防线目的都是为实现公司的经营管理目标提供合理保证。

9. 内控属性和要求：（1）对实现公司目标而言内部控制是必要的，但不是充分的。公司要建立全面、简单、可用、有效的管理制度。（2）内控制度适宜性是对内控制度建设的最低要求，对不适宜的制度必须及时进行立、改、废。（3）内控活动符合性是对内控活动的最低要求，对设计缺陷和执行缺陷都必须提出处理意见。（4）内控活动有效性是检验内控活动成果的根本标准。公司应当开展内控活动有效性评估，优化内部控制制度，强化内控制度执行。

10. 内控符合性测试的目标是保证内控制度的规定100%得到落实。内控测试的关键点是：（1）三个选择（测试项、测试点、样本量）；（2）五个动作（询问、取样、测试、结论、底稿）。内控测试结论要件是事实依据、判别依据、处理依据、处理意见。

11. 审计带队关键是进出有道，悟透玄机。进场提要求：工作纪律和工作作风、方案交底、理解与配合、公正审计。退场做交底：审计后续工作交底、现场审计初步结果交底、对被审计单位致谢。过程中上不决定，下不干预，盯住目标，管控方案。悟透玄机，核心是确定审计目标和审计类型，严格按标准实施，进行客观审计。

12. 客观公正的审计原则应当贯彻始终，真正做到"按程序实施，用证据沟通，拿标准评判，按规定处理"。坚持客观公正的审计原则，就应当把审计工作打造成审计相关方平等沟通的平台，让审计工作汇集认识、形成共识、包容异识，共同促进公司管理改善和盈利提升。

13. 认识审计有三个层次：一是了解。了解审计需要审计实践滋养。二是理解。理解审计需要审计理论涵养。三是认识。认识审计需要审计总结营养。

14. 纳入经责审计报告的审计素材应当是审计对象主导的、员工认可、事实清楚、成绩显著或者问题突出，执行了审计程序有审计底稿支撑，影响审计评价、结论、意见和建议的审计材料。

15. 审计用事实和数字说话。数字是语言的钻石，枯燥闪耀光彩；事实是语言的基石，平淡蕴含厚重。审计使用文学语言，影响审计结论的准确性。

16. 反映情况要注意管控分歧。反映任期末市场情况、结转的项目合同额、资产负债情况、潜盈潜亏情况、重要业务情况、重要风险情况、公司战略落地情况，实质是反映继任者的责任起点，不必要进行责任界定，不需要否定对前任的审计结论，但对新发现的重大异常必须披露。

17. 反映单位和个人业绩，要突出开创性贡献、实质性贡献、发展性贡献、创造性贡献、决定性贡献。

18. 经责审计是对人的审计。如果审计报告只是说了事，而没有将审计结果聚焦到人，没有集中回答这个人做了什么，做得怎么样，就没有达到离任审计的基本目标。

19. 经责审计报告不准确、不完整的表现，如：内容漏了成绩，结果说成问题，结论缺了分析，评价没有标准，建议忽略了沟通，问题缺少证据，数量变成范围，意见不照标准。

20. 审计逻辑和管理逻辑是一致的。审计内容↔管理内容，审计目标↔管理目标，审计导向↔管理导向，审计重点↔管理重点，审计监督评价建议↔管理检查评估改进。因此"内行审内行，一审一个准"。

21. 审计范围和审计内容重要性评估主要考虑对实现项目审计目标和预防项目审计风险的影响，操作分三步进行。（1）分别确定审计范围和审计内容重要性标准；（2）在审前准备阶段对照审计范围清单和内容清单逐一评估项目审计目标的重要性和项目审计风险的重要性；（3）将确定的审计重点范围和重点内容纳入审计方案中。

22. 所有的审计程序都是围绕审计报告进行的，所有的审计报告都是围绕审计目标展开的，因此要重视审前准备。要做好审前调研，审前调研结果要植入审计方案，审计方案应当保证审计风险控制在可接受范围。审计准备阶段应当形成审计报告框架，做到胸有成竹。

23. 内控审计重点把握 PDCA 四步骤是否实现闭环，账、证、表是否健全，经办、复核、批准三环节是否完整。

24. 审计程序和审计底稿之间的对应关系包括五种：

一步与一项。如：情况类底稿，弄清情况。适用：了解重大事项审计程序。涉及方法：测评、访谈、审阅。

二步与二项。如：结果类底稿，账面数、调整数及调整结果。适用：信息真实性审计程序。涉及方法：复核、重计算。

三步与三项。如：意见建议类底稿，弄清情况，揭示问题，提出意见和建议。适用：各类合规审计程序。

四步与四项。如：分析类底稿，弄清情况，揭示问题，分析原因并做出结论，提出意见和建议。适用：绩效审计程序。

五步与五项。如：评价类或定责类底稿，弄清情况，揭示问题，分析原因，做出评价或者界定责任，提出意见和建议。适用：经责审计中的绩效评价和责任界定。

25. 凡事有度，度是衡量质量的标准值。如：学识要有广度，制度要有温度，标准要有刻度，计划要有精度，报告要有气度，总结要有深度。

26. 审计工作的显著特征：审计路径是从问题出发到消除问题。审计视角面向全局，面向战略，面向协同。审计对象是全覆盖，超越基层，超越系统，超越运营。

27. 审计能贡献什么？审计监督永远在路上，不仅力求改进，更加追求完美，不仅维护组织规则，更加追求组织成就。审计建议跨越时空，不仅利在当下，更加注重长远。

28. 审计管理七化：审计工作制度化，文本模板化，审计实务案例化，审计质量标准化，审计培训课件化，审计传承主体化，审计运行数字化。

29. 审计报告撰写的具体要求：材料整理，提纲挈领，分类排序。表达顺序：先总述后分述，先结论后分析。文字深入浅出：深入调查，深入思考，全面、真实、完整掌握情况，揭示问题本质，浅显表达，简明易懂。

30. 审计深刻在于追问为什么。审计明白在于指出什么。

31. 审计反映的问题有信息不真实，操作不合规，绩效不满意，质量不达标。

32. 内控审计既要关注控制不足，也要关注过度控制。

33. 面对问题怎么办？问题不知道靠诊断，条件不知道靠梳理，原因不知道靠分析，对策不知道靠制定。制定对策要从问题事项出发，从预防措施切入，以实现预期目标为终点。

34. 我们要记住一些根本的东西，才不会迷失方向。审计专家最重要的品质是热爱审计。审计责任人最核心的担当是维护审计的独立性。审计最根本特征是客观性。审计最基本品格是公正性。对审计最高评价是客观公正。审计最恰当的语言是事实和数字。审计方法最基本特征是系统规范。审计最高遵循是科学和真理。审计最低遵循是审计准则。审计对审计对象最根本的尊重是用他们的业务标准评价他们的业务实际。审计最根本的职责是履行公司章程赋予的职责。审计最基础职责是核实相关信息,监督内控制度执行。最重要的任务是揭示体制和机制弊端,揭露严重违规违纪行为。审计成果的最直接运用是审计整改,最高应用是管理层行动。

第八节　感悟语录

1. 优秀的工作源于我们自身的追求。

2. 工作分三种结合，人生有三种境界。工作与生存结合，是劳动者的生理满足，无法抵御精神的伤害和道德的堕落；工作与追求结合，是劳动者职业精神的满足，无法抵御功名的诱惑；工作与信仰结合，是劳动者的自我超越，在"无我"的状态中体会工作带来的幸福。

3. 理解别人是一件很难的事。我试着不去理解别人，只是与人平等相处，不结交特别的朋友，也许会遇到知音，这也是一种生活的方法。

4. 一个人若失德，没有培养价值；一个人若失职，没有使用价值。

5. 事实比逻辑更有震撼力。

6. 如果以工作为乐，以思考为乐，以学习为乐，怎么还会无聊呢？

7. 令我震撼的有两件最平常不过的东西，那就是事实和时间。

8. 有一种感情叫交往，交往的感情很亲切也很平常；有一种感情叫思恋，思恋的感情很美好也很苦涩；有一种感情叫责任，责任的感情很崇高也很沉重。

9. 中层干部从零碎的材料中做出判断，领导则在众说纷纭中做出选择。

10. 修身：做而思责，学而思用，思而求道，宠辱皆忘。

11. 人生自然之道：思想之道——无分辨心，无是非心，无执着心。生命之道——生于父母，活得精彩，退得从容，死得安逸，归于自然。工作之道——顺乎自然，抓住机遇，不计较。

12. 懂施工、善经营、精管理，才会有效益、有钱赚。有追求、有高度，才会有荣誉、有品牌。

13. 有一种关系叫同事，有一种纪律叫服从，有一种民主叫专业，有一种勇气叫担当，有一种文化叫协作，有一种习惯叫节约，有一种培训叫互学。有一种企业称行校，有一种制度称教材，有一种企标称行标。

14. 真善美从认识论的角度解读，真是讲主体对客体的认识与客体本原是一致的，善是指客体对主体的有用性、有利性，美是指客体对主体感受的舒适性、满足感。追求真善美就是要认识、把握、使用真理，做有益于人民的事业，按人民的意愿办事情。